平成の黙示録
「ヘヴンズ　ストーリー」をよむ

瀬々敬久×関　一敏
Zeze Takahisa　*Seki Kazutoshi*

◉目次

はじめに

二〇一〇年（平成二二年）に発表された映画『ヘヴンズ ストーリー』は、一九九九年（平成一一）に山口県光市で実際に起こった母子殺人事件をモデルとしながら、殺人を巡る複数のストーリーが交差する作品です。

一九八九年に年号が「昭和」から「平成」に変わり、それから一〇年間に日本全体を震え上がらせる大きな災害や事件が発生しました。まず、阪神・淡路大震災（一九九五年）が起こり、それと間を置かずに発生したオウム真理教徒による地下鉄サリン事件、また九七年に神戸で発生した神戸連続児童殺傷事件（別名『酒鬼薔薇聖斗事件』）などです。「平成の闇」とも呼ばれるこの一〇年あまりの期間は、日本の戦後を区画するうえでひとつの指標とされる時代ともなりました。

その時代の変化を敏感に感じてきた映画人たちが、自主製作した映画が『ヘヴンズ ストーリー』でした。この作品は同年度の映画雑誌「キネマ旬報」ベスト・テンの日本映画部門第三位に、「映画芸術」誌で二〇一〇年度日本映画ベストテン第一位に選ばれるなど日本国内において高く評価されました。海外においても翌年の第六一回ベルリン国際映画祭で国際批評家連盟賞とＮＥＴＰＡＣ賞（最優秀アジア映画賞）を同時に受賞しました。

二〇人以上の登場人物――両親と姉を殺された幼い娘、妻子を殺された若い夫とその理由なき殺人を犯した青年、犯人の青年と家族になろうとする女性、一人息子を育てながら復讐代行を副業にする警察官など――が複数の殺人事件をきっかけに繋がっていく全九章の壮大な映画は、また、人を殺すことから生まれる人間の苦悩する姿を自然や宇宙の中で捉えて描こうとする哲学的な視点を持ったスケールの大きい作品でもありました。

しかし、四時間三八分という長い上映時間のために、多くの劇場で上映されてたくさんの人に語られる種類の映画ではありませんでした。福岡においても一般上映館において一週間という短い期間しか上映されませんでした。

福岡ユネスコ協会では、この三五ミリフィルムでしか見ることができない作品を福岡市総合図書館映像ホール「シネラ」という最良の上映設備が整った上映会場において、今まで接する機会のなかった方を含めて多くの人に見ていただく機会を作ろうと考えました。そして、上映とともにこの作品がもつ人間、社会、自然・宇宙に対する深いまなざしや思いについて、監督・瀬々敬久氏と宗教人類学者・関一敏氏とに語り合ってもらうことにより、この作品のもつ黙示録的な世界に未来に向かう新たな視点から光を当ててみようと試みたのでした。

（福岡ユネスコ協会）

＊

廃墟が喚起する強力なイメージ

関一敏：映画『ヘヴンズ ストーリー』を堪能した直後にあまり内容の分析はするなよというお考えもあると思いますが、なるべく話を膨らませて、あまり分析的ではなく話が出来ればいいなというふうに考えています。どうかよろしくお願いいたします。

映画を拝見して、印象に残ったのは廃墟のアパートでした。雪に包まれているシーン（四四頁参照）、それから緑の木々に包まれているシーン（五一頁参照）、そして雪のシーンに桜の季節が重なってくる、その映像がとても印象に残りました。

あの廃墟というのは、本当の廃墟が一方にあって、もうひとつ後半で海辺のアパートが出てきましたね。それも半ば古びはじめて、廃墟に向かっているような。大体アパートなんていうのは三、四〇年から五〇年もすると、世代も替わり廃墟に近くなって来ます。そこで、まず炭鉱の〝雲上の楽園〟のイメージについて、お話をおうかがいしたいと思います。

瀬々敬久：この映画に出てくる〝雲上の楽園〟というのは、松尾鉱山といって岩手県の山の中、ほとんど青森県との県境にある硫黄鉱山なんです。二〇〇〇年頃、テレビの深夜にやっている「NONFIX」というドキュメンタリー番組で、僕が一本番組を作ったんです。それが『廃墟シネマ』

というタイトルでした。

日本全国に、廃墟オタクと呼ばれるような人たちがいるんです。廃墟に侵入して、写真を撮ったりする人たちが、日本全国にいるわけです。そういう廃墟マニアの人たちと会って、番組の最後に僕が廃墟で五分ぐらいのショートムービーを作るという企画だったんです。ドキュメンタリーと、ちょっとした映画がミックスしたものでしたが、岩手県の松尾鉱山にも行って少しだけフィルム回しました。その時の印象が忘れられなくて、いつかここで撮影したいなあと思ったんです。『ヘヴンズ ストーリー』は二〇〇八年の夏から撮影を始めて、約一年半かけて撮影したのですけど、思い叶って使わせてもらいました。

関さんが印象に残られたことと関係することかもしれないですけれど、その番組の取材で廃墟の写真家と会ったんです。廃墟を撮ることを自分の仕事としている、小林伸一郎さんですけれど、小林さんは一方で建設途中の橋とかビルディングとかを撮るのが好きで、そのテーマで写真集も出していました。番組のインタビューで「どうして廃墟と建設途中のビルを同じように撮ったりするんですか？　どういう感じなんですか？」と聞いたら、「壊れていくものと、これから出来るものというのは、その瞬間だけ見ると、同じように見える」と言われたんです。

確かに廃墟も段々朽ちていくと鉄骨だけになるのですが、ビルとか橋とか建造物も出来上がる途中は鉄骨むき出しであったりして、その瞬間だけ見ると何か同じように見えるとおっしゃった。あっ、確かにそういえばそうだなという感じがして、すごく印象深い言葉として残りました。

何か廃墟に囚われるというか、廃墟に魅せられた人たちの感性の本質のある部分がそこにある気がしました。というのは、イメージの部分だけで言いますが、生まれたばかりの赤ちゃんとそろそろ死を間近にした婆ちゃんも、ある瞬間を見ると、同じように見えると感じるのと似通っているのです。

例えば、中上健次という小説家がいましたけれど――僕は結構好きだったんですが――中上は「歳とると皆名前がなくなる」と言っています。例えばナントカの家の婆さん、柿の木があったら「柿の木の家の婆さん」、孫がアッシだったら「アッシんとこの婆ちゃん」とか、その人の個人名では呼ばれる事がどんどんなくなっていく。そういう意味では、生まれたばかりの人たちも名前以前と言ったらおかしいですけど、まだ命名されてない以前のようなところがどこかあったりすると思うんです。「何者でもない」と言うか、人間の一生では、生まれてくる時とどんどん老いていく時に、瞬間見ると何か似通ってくるところがあるのではないかと考えたりしたわけです。そんな廃墟について、いろいろと考えたこともこの映画には入っています。

季節は循環して巡る

関：今のお話をうかがって、だいぶ合点がいくのは、あの廃墟がやはりすごく印象に残るということですね。今のお話でいうと、歳とって名前のなくなっていく人なわけですが、同じ廃墟でも、雪の時と緑の夏ではだいぶ違う感じなのですよね。両方ともストーリー展開の中に埋め込まれていて、両方とも人が死ぬのは同じなのだけれども。

まず雪景色のなかでは、佐藤浩市扮する波田《はだ》が殺されます。それから、あとのほうでは緑のなかで恭子さん（山崎ハコ）が亡くなってしまう。いずれも人の死が描かれますが、でも何か違います。一方は冬です。それは死を感じさせるような静かな季節でもありますが、と同時に折口信夫が「冬」は「殖ゆ」だと述べたように、籠ることで眠りについた魂が再生し増殖していく季節でもあります。そしてもう一方は、初夏のいかにも生命力に満ちた緑の季節です。やはりイメージとして、この白と緑の対比というのはお考えになったのでしょうか。

瀬々：ドキュメンタリー番組の撮影でいちばん最初に行った二〇〇〇年の時は初夏でした。そういう意味では、草木の命が沸き上がるような中に佇む廃墟のイメージを最初に見てショックを受けました。命と死の同時性みたいなものがそこにあって。人間の一生もそうですけれど、四柱推命ではないですが十二年周期で回ってくるという考えがやはりあります。その繰り返しというか、還暦はまさに十二年の周期の帰還、還暦です。そういうふうに、年月というものの中に人間の生き死にがあるみたいなところはやりたい、というのがこの映画のテーマにありました。

それと、実際にこの映画を作るにあたって、東京だと多摩ニュータウンというところに何回も行きました。高度経済成長期にはあこがれの場所で、昔はそこに住みたいなと皆が思う楽園だったんですけど、今は目につくところにはもう老人と子どもしかいなくなっていたんです。この映画には、メインの舞台で海辺の団地も出てきますけれど、その団地もいつかあの鉱山廃墟のようなものになっていってしまう未来というのが、今すでに兆しとしてあるんではないかという、そういう意味ではもう人間ではどうしても抗えない、ある一人の個人の人生では抵抗できないようなうねりというか、時間の何かがあるという気がするんです。

そういう対比のようなものを見せたいと考えたのかと言われれば、おっしゃるように、同じようなものだけど冬と夏ではそれがまったく違うように見えてしまう。転移と言ってもいいのかもしれないのですが、まったく一瞬の中で変わってしまう。事物そのものも、何か周りの影響で変わってしまうようなところがすごくあると思うんです。

この映画では歴史、人間の営みみたいなものを広く扱ってみたいなと思ったんです。そこには何か自然、四季というようなものが、深く関わってくるような映画にしてみたかったというところがあったと思います。

関：映画全体でみると、人をとりまく季節や建物など、非常に具体的なものが描かれていますね。第一章のエピソードで主人公のひとりサトが家族で公園に行きますよね。そこからは新しい時代を象徴するかのような大高層マンション群がみえて、まだ生きていた母親が「楽園みたい」と言う（四二頁参照）。それから第二章と七章には現在廃墟になった建物が登場します。また、もうひとりの主人公トモキの海辺のアパートがその合間に出てきますが、これはどうも生き生きしているというよりは、多少とも廃墟に向かっている存在のようです。監督のイメージでこのように建物を配置されたのかなと思うのですが、そのあたりはいかがですか。

瀬々：先にありましたように、松尾鉱山の廃墟の建物は、季節では冬と夏のシーンがあるんですけど、同じように、もう一方で海辺の近くの団地というのが提示したかった。見えない線で空で繋がってるみたいなイメージです。あそこは、映画の中でかもめ団地と呼ばれていますけど、実際に横須賀に「かもめ団地」というのがあります。

関：あれは横須賀で撮られたのですか。

瀬々：横須賀で撮影した部分と茨城の高萩というところで撮影したものを編集でミックスして、映画としては一つの「かもめ団地」にしています。撮影後の話になりますが、高萩の方は、三・一一の震災の時には結構大変な被害にあって、皆さん避難したりもしたらしいんです。実際、映画の設定のように横須賀に渡し船があって、その近くにかもめ団地というのがありますので、そこで全部撮れれば良かったんですが、そこだけではどうしても撮れない部分があったので、高萩の団地を組み合わせてひとつの集合、町みたいにしているんです。

話は戻りますが、山の中の廃墟団地と海近くの現在の団地という対比は、さっきの夏と冬じゃないんですが、ここで見せたいとすごく思っていました。やはり山の神さまのようなものと海の神さまじゃないですけど渡来してくる、補陀落浄土のような西方に死んだ人が行く、古くからある日本の民話的な浄土世界とも通じるようなものを、どこか表したいなというところがあったので、ああいう配置にしてみたんです。

蝉の抜け殻、あるいは生まれ変わり

関：海辺、それから空。空はヘヴンに通じますから当然なのですが、その空と海辺が非常に印象に残ります。

もう一つ、蝉の抜け殻が大事な役目を果たしますね。サトと警察官カイジマの息子ハルキの出会いのシーン（四六頁参照）と、それから、妻と子どもを殺されたトモキとサトとの交渉の場面に出てきます。なぜか廃墟と蝉の抜け殻が頭のなかで結びついてしまっているのですが、あまりそういう考えはしない方がいいのでしょうか。

瀬々：そんな事はないと思いますけど、空っぽということですか。

関：蝉の抜け殻は廃墟のメタファーじゃないのかなって。

瀬々：あんまりメタファーとまで思わなかったんですが。でもそうですね。

関：何かが抜けた跡ですよね。

瀬々：ええ、空《から》というかうつほ的なものですね。台詞で言ったら「死んだんじゃないの?」っていう少年ハルキの言葉があるんですけど、それに対する「死んだんではない」と言うサトの台詞があります。

関：生まれ変わる、ということでしょうか。

瀬々：そうですね。そういう事は、『ヘヴンズ ストーリー』の映画で、あの台詞の中でやってみたかったことだったんです。

関：四季が巡りますね。それから廃墟も、さらに単位は大きいけれど、それでも長い年月を巡るんですよね。そうすると、人生は直線的に動くようになっていますけれど、その周りは円環状に運ばれていくという感じをしきりに受けました。そのことが映画全体にひとつのトーンを与えていて、蝉の抜け殻もそうですが、多くの死もその子どもたちなどの他の生命に繋がっていくというような円環のイメージをもって見たんです。

だからこそ、例えば波田が殺し屋のカイジマ――警官でかつ殺人代行業をやっているというちょっと腰のすわらない男――に殺される時に、その殺される場所は波田本人が指定する。そして、「雲上の楽園だった。昔にそこで育って……、カミさんがやはりここで育って……、自分のカミさんとは二十歳で東京で出会って……、その思い出の場所で……」みたいな自分語りするわけです（四三頁参照）。つまり廃墟ではあるけれど、なにか人の記憶にしっかり残っていて、人を引き寄せる力をもっている。

恭子さんが再びその廃墟に来るのも、何かそこに生命力というと大袈裟ですが、記憶のなかでたんなる廃墟以上のなにかがあるのではないかという印象を受けました。

オウム真理教事件と九〇年代の闇

瀬々：ちょっと脱線するかもしれないんですけど、山崎ハコさん演じる恭子さんが病院でテレビを観ているシーンがありますね。その時に殺人犯の少年が無期懲役が決まって、その弁護士が言う

「生まれてくる子どもにも（自分のことを）憶えていて欲しい。それを少年が最後に言っている」という台詞があると思うんです。それは実は、麻原彰晃が死刑判決を受けて、「麻原さん、最後に言いたいことは？」と言われた時に、「これから生まれてくる子どもにも憶えていて欲しい」と言ったんです。私はテレビのニュースで観ていて、凄いこと言ってるなと印象深く思ったんです。その言葉をあのシーンに、そのまま引用して使ったんです。

僕は関先生の一〇歳ぐらい下で、どちらかといったらオウム真理教の信者と世代が近いわけです。彼らがやった事というのは、当然非難されるべきだということはあるんですけど、例えば九〇年代の日本に、死とか生とかいうことをすごく考える世代の人たちが現れたってことは、僕はなんとなくわかるような気がするんですね。ポア（殺す）とかいうことではなくて、死とは何か、生きるとは何かみたいなことを、ある世代の人たちが考えていくようになってしまった。それが、最終的にはテロリズム的な事に結びついてしまうんですけど。

九〇年代の「暗闇の一〇年」的な世界観の中で、それでは何が生まれたかというと、オウム事件と神戸の震災ぐらいしか思いつかない。それで、二〇〇〇年になった時は、みんなは二〇〇〇年問題にパッと切り替わったわけです。コンピューターが誤作動を起こすんじゃないかというミレニアムの時代に変わってしまう。それに僕自身、何か違和感があったんですね。あの九〇年代、それこそ陰惨っていうとおかしいけど、精神的にすごく暗い、酒鬼薔薇聖斗の事件もそうだと思いますが、陰惨な事件がいくつかあったんだけども、みんながそれを一切なかったかのようにミレニアムに行ってしまったという状況に、すごく違和感がありました。

その中で、本村さんという山口県光市の母子殺人事件のような方たちが、一方で孤独な戦いをされているように見えた。そういう時代の中で、人間というか、個人もしくは家族でもいいんですが、そういう人たちがどうやって生きていったり、生まれてきたり、死んでいくのか、というようなことを考える映画にしてみようというところはありました。そういう意味では語弊はありますが、出発点はオウム真理教に代表される「時代」の心性、みたいなところはあるんです。

関：いろいろなことが頭にうかぶのですが、ひとつは宗教というものについてです。イエス・キリストは二年弱しか活動していないけれど、その弟子たちのペテロやパウロがかれらの実体験や神秘体験のなかでイエスの記憶を反芻し、膨らませながらキリスト教をその後の三〇余年かけて作り上げていったんです。だから、おそらく宗教というこの世を抜けた世界には、そういう記憶と反芻という面が本質的にあるのではないかと思います。

麻原彰晃とオウム真理教はテロ事件に走ってしまいましたが、ある種の新鮮な宗教性というのを、ぼくらも感じていたんです。それまでの新しい宗教とはちょっと違って、人の生き死にをきちんと方法的に考えている人だなと。でも、それが人を殺すところまで行くというのは違うだろうと思うのですが。だから、今おっしゃったことは非常によく分かります。

今のお話から、監督が麻原彰晃のこととか、光市の事件とか、それから酒鬼薔薇の件も、ここ二〇余年のとくに人の生き死ににかかわる出来事を全部ご自分のなかに蓄えてこられて、映画作品そのものは距離的にも時間幅もそんなに大きくないけれど、問題としては全部詰めておられるというふうに思いました。

そこには記憶の問題があり、さらには人を殺すというとても大きな問題がかかわるはずです。ところが、日本社会全体はすぐに二〇〇〇年問題にスーッと行きましたよね。異様なぐらいスムースに。もちろん違和感はあるわけですが、でも一方では、世の中ってそういうものかもしれないなと。そうでないと、先に行けないですものね。そんな思いもあります。

瀬々：それはそうだと思います。

関：この映画が大変感動的なのは、その両面を持っているような気がするからです。一つひとつの時代にはいろいろな出来事があって、その一つひとつに真剣にたちどまることには大切な意味があるのだけれど、他方でそういうものとはかかわりなく季節は巡り時代は進んで行くということですね。

ここまでの話は、このあとの生命の問題のところでまた出てくると思いますので、ここで少し話題を転じます。

家族はバトンタッチして続いていく

関：この映画ですごいなと思ったのは、脇役がいないことですね。最初だけ出てくる柄本明演じるサトのおじいちゃんも、殺される役の佐藤浩市演じる波田も、何か人生を感じさせるし、波田にいたっては人生語りまでしますよね。そして、子どもたちのサトもハルキも、それから第八章で子どもを産むカナも、かれらには必ず親が登場します。映画はその子どもたちの成長を描きながら、必ずその親たちの人生をも描いていて、三人とも父親が殺されてしまう展開です。逆に言うと、その父親たちは子どもがいる父親として描かれる。

家族が必ずいる人々。これはわれわれの社会ではふつうのことですが、それを一本に絞って映画的に物語化することは、多分あまり試みられることがないのではないか。下手するとバラけてしまいますから。でも、それをひとりひとり丁寧に描くことによって実現するとなると、やはりこれは四時間半かかるだろうし、もっと長くてもおかしくないと思います。家族あるいは親と子ということはずいぶん意識されたのでしょうか。

瀬々：家族ということはすごく意識しました。僕自身が、家庭が結構複雑だったということもあったんですね。産みの母親は、僕の家に来る時は既にどこかで結婚していて、両親のところに子どもを預けてうちの方に来たんです。ところが、その後出奔するんです。次の母親が来るんですけど、その母親に妹が産まれたりして、そして僕の上に兄はいるんですけどそれは種違いです。同じ家系の両親による妹が二人と、また下には母親の違う妹がいるんですけど、一番下の妹は僕と一七歳違うんです。高校生の時産まれたので、お前の子どもじゃないのかとみんなから言われたんですけど（笑）。

家族関係が複雑になると、家というのは割と子ども中心にやり直されていくんですね。一番下の妹が産まれた時に、「あっ、また家庭がやり直されているな」と思ったんです。もう一回違う家庭が築かれていくんだと。やはり家族というのは、新しい子どもを中心としてやり直して違うバージョンになっていくんですね。それは家族ということだけではなくて、何かいろんなところで同じような事が行われているではないかと思うのです。というか、実は国家もそうかもしれないし、会社なんか特にそうでしょう。結局やり直しの連続で人々は生きていっているんではないか、みたいなことを自分の家を見ていて、二〇歳ぐらいの時に思ったんです。

そういう意味では、家族というのは集団の最小単位であるかもしれないです。まあ社会の最小単位ですよね。それで、やり直されていく家族みたいなところは興味深いなと思っていました。この映画も、父親が欠損していくとそこを埋めるようにやり直されていく、擬似的な関係がまた生まれてやり直されていくという気がして、そういう思いも込めているんです。

関：家族といっても、今おっしゃったように、必ずしも血縁家族ではない。たとえば殺し屋をやっている警官カイジマが、誤って（とはいえ正当防衛で）人を殺しますね。それで、その妻（根岸季衣）たち遺族にお金を、そんなに多くはないけれども送り続けてやめません。娘が大人になるまでと言っていて、もうとっくに大人になったのにそれでも送り続けている（四九頁参照）。しかも、この娘のカナ――最初はイヤだなこの子は、みたいに思いましたが――の父親が亡くなる時、誰にともなく「ごめんね、ごめんね」と謝り続けたエピソードが出てきます。あとになって、それが男自身の家族にたいしての謝罪だったことに気づいたカイジマは、その男の代わりに父親役になったみたいですね。だから娘のカナに対しても、ちょうど父娘の関係みたいに、邪険にされながらも決して「じゃ、やめる」みたいなことは言わないですね。

しかも、その延長で見ると、当のカイジマもすでに死んでしまったあとで、カナに子どもが産まれるシーンでは、カイジマの息子ハルキとカナが、年の離れた姉弟みたいな感じに見えたんです（五二頁参照）。そういう意味で、新しい繋がりとしての家族という印象を持ちました。血縁でない家族、しかもどこからか人がバトンタッチして現れるという……。その辺はどうなんでしょうか。

瀬々：思いがバトンタッチされていくというのは、いつもよく考えていることではあるんです。何て言うんですか、人の本質というのはなかなか難しいところがあると思うんですが……。例えば、この映画の冒頭に、狐のお面をつけた人だとか仮面の人形劇が出てきますね。後半のいちばん最初（第五章）は、等身大の人形を操って踊る人形劇の人が出てきます（四七頁参照）。あれは百鬼どんどろこと岡本芳一さんという方で、あの様式をご自分で発明されて、海外では評判の方だったんです。いつも、デスマスクみたいな、自分の顔から取った仮面を被っているんです。

岡本さんが言うには、人形というのは器なんだと。それは空で、思いを込めては作らない。魂の入れ物なんだと。演者が演じることで初めて観る人の心で「生きモノ」になるんだと。蝉の抜け殻の話ではないんですが、誰かが抜けた空《から》の場所に、違う誰かが入ってくることで、元いた人を引く継ぎながらさらなる展開が行われる。バトンタッチのようなイメージですが、何かの終わりと始まりには常にそういうことが行われている。そういう事象に惹かれるんです。実は、岡本さんは撮影の一年半後に難病で亡くなって、今はお弟子さんの女性——映画の最後にキツネの化身の弟子として出演されている飯田美千香さん——が百鬼ゆめひなという名前で引き継いでいます。バトンタッチが行われているんです。

関さんが、さきほど時代の変わり方について仰った、そうじゃないと先にいけない。バトンタッチについてもそう思うんですね。そうじゃないと先にいけない。

仮面で隠された世界

関：ふだん、われわれは決まったものとして家族を営んでいますよね。これは代わりがいないという風に思っていますが、実はそうではない可能性があるのではないか。仮面はそのひとつの表れですかね。

仮面のところはまったく違和感はなかったです。仮面と言いますか、あの白い人たちとそして怪物。ほんとうは怪物は寂しいのだという……。あまり絵解きはしない方が良くて、多分ご覧になった皆さんも、ああという感じでいいのかなあとも思うんです。最初からこうしようという予定がありましたか。

瀬々：この映画の脚本を作ろうとした時に、人形劇は何故か使いたいなと思っていたんです。福岡辺りでも民間で文楽をやったりしてる集落とか村があると思うんですが、そういうところを結構見に行ったりしたんです。最初は文楽人形的なものでいいのかなあと思って見に行ったんですけど、

弦書房

出版案内

2025年初夏

『水俣物語』より
写真・小柴一良（第44回土門拳賞受賞）

弦書房
〒810-0041　福岡市中央区大名2-2-43-301
電話　092(726)9885　FAX　092(726)9886
URL　http://genshobo.com/　E-mail　books@genshobo.com

◆表示価格はすべて税別です
◆送料無料（ただし、1000円未満の場合は送料 250円を申し受けます）
◆図書目録請求呈

◆渡辺京二史学への入門書

渡辺京二論 隠れた小径を行く

三浦小太郎　渡辺京二が一貫して手放さなかったものとは何か。「小さきものの死」から絶筆『小さきものの近代』まで、全著作を読み解き、広大な思想の軌跡をたどる。

2200円

渡辺京二の近代素描4作品（時代順）

＊「近代」をとらえ直すための壮大な思想と構想の軌跡

日本近世の起源 戦国乱世から徳川の平和へ【新装版】

室町後期・戦国期の社会的活力をとらえ直し、徳川期の平和がどういう経緯で形成されたのかを解き明かす。

1900円

黒船前夜 ロシア・アイヌ・日本の三国志【新装版】

◆甦る18世紀のロシアと日本　ペリー来航以前、ロシアはどのようにして日本の北辺を騒がせるようになったのか。

2200円

江戸という幻景【新装版】

江戸は近代とちがうからこそおもしろい。『逝きし世の面影』の姉妹版。

1800円

小さきものの近代 1・2（全2巻）

明治維新以後、国民的自覚を強制された時代を生きた日本人ひとりひとりの「維新」を鮮やかに描く。第二十章「激化事件と自由党解党」で絶筆・未完。

各3000円

潜伏キリシタン関連本

【新装版】かくれキリシタンの起源 信仰と信者の実相

中園成生　「禁教で変容した信仰」という従来のイメージをくつがえす。なぜ二五〇年にわたる禁教時代に耐えられたのか。

2800円

FUKUOKA Uブックレット⑨

かくれキリシタンとは何か オラショを巡る旅

中園成生　四〇〇年間変わらなかった信仰——現在も続くかくれキリシタン信仰の歴史とその真の姿に迫るフィールドワーク。

680円

日本二十六聖人 三木パウロ 殉教への道

玉木譲　二十六人大殉教の衝撃がもたらしたものとは。その代表的存在、三木パウロの実像をたどる。

2200円

天草島原一揆後を治めた代官 鈴木重成

田口孝雄　一揆後の疲弊しきった天草と島原で、戦後処理と治国安民を12年にわたって成し遂げた徳川家の側近の人物像。

2200円

天草キリシタン紀行 﨑津・大江・キリシタンゆかりの地

小林健浩［編］﨑津・大江・本渡教会主任司祭［監修］　隠れ部屋や家庭祭壇、ミサの光景など﨑津集落を中心に貴重な写真二〇〇点と四五〇年の天草キリスト教史をたどる資料

◆水俣病公式確認69年◆

◆第44回 土門拳賞受賞

水俣物語 MINAMATA STORY 1971〜2024

小柴一良　生活者の視点から撮影された写真二二五一点が、静かな怒りと鎮魂の思いと共に胸を打つ。　3000円

【新装版】死民と日常 私の水俣病闘争

渡辺京二　著者初の水俣病闘争論集。市民運動とは一線を画した〈闘争〉の本質を語る注目の一冊。　1900円

8のテーマで読む水俣病

高峰武　これから知りたい人のための入門書。学びの手がかりを「8のテーマ」で語り、最新情報も収録した一冊。　2000円

非観光的な場所への旅

満腹の惑星 誰が飯にありつけるのか

木村聡　問題を抱えた、世界各地で生きる人々の御馳走風景を訪ねたフードドキュメンタリー。　2100円

不謹慎な旅 1・2 負の記憶を巡る「ダークツーリズム」

木村聡　哀しみの記憶を宿す、負の遺産をめぐる場所へご案内。40+35の旅のかたちを写真とともにルポ。　各2000円

戦後八〇年

占領と引揚げの肖像 BEPPU 1945-1956

下川正晴　占領軍と引揚げ者でひしめく街、別府がBEPPUであった頃の戦後史。地域戦後史を東アジアの視野から再検証。　2200円

十五年戦争と軍都・佐伯 ある地方都市の軍国化と戦後復興

軸丸浩　満州事変勃発から太平洋戦争終結まで、連合艦隊・海軍航空隊と共存した地方都市＝軍都の戦中戦後。　2000円

戦場の漂流者 千二百分の一の二等兵

語り・半田正夫／文・稲垣尚友　戦場を日常のごとく生き抜いた最下層兵の驚異的漂流記。　1800円

占領下のトカラ 北緯三十度以南で生きる

語り・半田正夫／文・稲垣尚友　米軍の軍政下にあった当時、島民の世話役として生きた帰還兵の真実の声。　1800円

占領下の新聞 別府からみた戦後ニッポン

白土康代　別府で昭和21年3月から24年10月までにGHQの検閲を受け発行された52種類の新聞がプランゲ文庫から甦る。　2100円

日本統治下の朝鮮シネマ群像 《戦争と近代の同時代史》

下川正晴　一九三〇〜四〇年代、日本統治下の国策映画と日朝映画人の個人史をもとに、当時の実相に迫る。　2200円

近代化遺産シリーズ

産業遺産巡礼《日本編》
市原猛志　全国津々浦々20年におよぶ調査の中から、選りすぐりの212か所を掲載。写真六〇〇点以上。その遺産はなぜそこにあるのか。
2200円

九州遺産《近現代遺産編101》
【好評12刷】

砂田光紀　世界遺産「明治日本の産業革命遺産」九州内の主要な遺産群を収録。八幡製鉄所、三池炭鉱、集成館、軍艦島、三菱長崎造船所など101施設を紹介。

2000円

肥薩線の近代化遺産
熊本産業遺産研究会［編］　全国屈指の鉄道ファン人気の路線。二〇二〇年の水害で流失した「球磨川第一橋梁」など、建造物・構造物の姿を写真と文で記録した貴重な一冊。
2100円

熊本の近代化遺産 上 下
熊本産業遺産研究会・熊本まちなみトラスト
熊本県下の遺産を全2巻で紹介。世界遺産推薦の「三角港」「万田坑」を含む貴重な遺産を収録。
各1900円

北九州の近代化遺産
北九州地域史研究会編　日本の近代化遺産の密集地北九州。産業・軍事・商業・生活遺産など60ヶ所を案内。
2200円

比較文化という道

歴史を複眼で見る 2014〜2024
平川祐弘　鷗外、漱石、紫式部も、複眼の視角でとらえて語る。ダンテ『神曲』の翻訳者、比較文化関係論の碩学による84の卓見。
2100円

メタファー思考は科学の母
大嶋 仁　心の傷は過去の記憶を再生し誰かに伝えることでいやされていく。その文学的思考の大切さを説く。
1900円

生きた言語とは何か 思考停止への警鐘
大嶋仁　なぜ私たちは、実感のない言葉に惑わされるのか。文学・科学の両面から考察。
1900円

比較文学論集 日本・中国・ロシア 《金原理先生と清水孝純先生を偲んで》
日本比較文学会九州支部［編］西槇偉［監修］　安部公房、漱石、司馬遷、プルースト等を軸に、最新の比較文学論を展開。

2800円

［新編］荒野に立つ虹
渡辺京二　行きづまった現代文明をどう見極めればよいのか。二つの課題と対峙した思索の書。
2700円

玄洋社とは何者か
浦辺登　テロリスト集団という虚像から自由民権団体という実像へ修正を迫る。近代史の穴を埋める労作！
2000円

どうしてもピンと来なかったんです。そうしたら、映画の中に出ている百鬼どんどろのホームページをたまたま見つけました。ちょうど長野県で春、桜の樹の下に湖があって、その畔で夜に映画でご覧になった演目を演っていたんです。それを見た時に、あっこれだなあと思って出演交渉したんです。何故かわからないですけど、この映画のどこかで人形を使いたかったんです。何故なんでしょうね、人形を使いたいと思ったのは……。

関：やはり僕たちの世界とは違うといいますか、怪物であったり、神さまであったり、僕たちの世界と交渉はあるけれども何か違う世界という印象でした。ですから違和感はまったくないんです。でも監督が何でそういうことを考えたのかなというのは、不思議ですね。

瀬々：そうですねえ。何故か人形だなあと思ったんですねえ、不思議なんですけど。

関：怪物は寂しがっているというのは？

瀬々：それは、後で考えましたね。

関：そうですか。でもあの怪物の一節があって初めて、全体をリアルに、かつその先を考えるような感じで受けとめることができたように思います。

家族の話にもう一度話を戻します。家族あるいは擬似家族ですね。そして、これは脇役のいない映画と申しあげましたけれど、物語の中心人物たちは比較的はっきりしていて、サトと、それからカイジマの息子のハルキと、それから最後に子どもを産むカナの三人ですね。それが子どもから大人になっていく過程で、全体の八年の間に三つの流れが交錯します。ちょっとずれながら、途中の小さなカットで互いにすれ違っていく。そういうすれ違いを発見すると、お～と声を出したくなるわけですが、その三人が成長して、その間に父親たちが死に、そしてまた子どもが生まれ、というふうに考えていくと、成長がまた繰り返されるよねという感じが、この長くはない時間幅のなかでひしひしと感じられてきます。

一つだけ絵解きしていただいた方が良いのかと思っての質問があります。ミツオと恭子の関係というのは、擬似家族でもないし、といって擬似恋愛かというと少し違うなと思ったんです。あの不思議な関係は名付けない方がいいんですかね。

瀬々：まあ、そうですねえ。

利用する――利用される

関：でも、恭子が面会に行って、「あなたと私は会っちゃったのよね」って言いますね。会っちゃった以上、もう忘れられない。それで、あの「これから生まれる子たちに、僕のことを憶えていてほしい」という言葉にも、そこから辿るようにしていくわけです。

どうしてこれにこだわるかというと、「それって利用したの？」と質問するシーンが二回あるからです。ひとつはミツオが介護しながら、「恭子さん、僕を利用したの？」って聞くシーンがありました。旅立つ前ですね。それからいちばん最後に恭子が亡くなる直前にサトが言いますね（五一頁参照）。それも「あっそうか、お互い利用してるんだ」みたいにあっけらかんとして。両方とも

郵便はがき

料金受取人払郵便

福岡中央局
承認

18

差出有効期間
2026年2月
28日まで

(切手不要)

810-8790

156

福岡市中央区大名
二—二—四三
ELK大名ビル三〇一

弦書房

読者サービス係 行

通信欄

年　　月　　日

このはがきを、小社への通信あるいは小社刊行物の注文にご利用下さい。より早くより確実に入手できます。

お名前

（　　歳）

ご住所

〒

電話

ご職業

お求めになった本のタイトル

ご希望のテーマ・企画

●購入申込書

※直接ご注文（直送）の場合、現品到着後、お振込みください。
送料無料（ただし、1,000円未満の場合は送料250円を申し受けます）

書名	冊
書名	冊
書名	冊

※ご注文は下記へＦＡＸ、電話、メールでも承っています。

弦書房

〒810-0041　福岡市中央区大名2-2-43-301
電話 092(726)9885　FAX 092(726)9886
URL http://genshobo.com/　E-mail books@genshobo.com

恭子は答えませんね。とくに最初のミツオとの会話では、ただ微笑むと言いますか、そこが非常に印象に残りました。これもやはり分析はしないほうがいいのかな。本人たちが答えてないのだから。

瀬々：何ていうのか、多分それは僕が作り手として、要は保険を打っているんだと思います（二人笑）。おっしゃるように二人の関係が非常に言いにくいところがあります。それでは、恭子さんは純粋な思いでミツオのことをやったのか。そんな綺麗事で済ませても仕方ないだろというところがある。そういう関係だと思うんです。

利用する、利用されるということを、どこかで僕自身がそんなにいけない事ではないと思っているんだと思います。やはり、人間の付き合いの中で利用するという言い方は、少し言い過ぎなのかもしれませんけれど、どこか補完し合うというか、そうやって関係を築くことによってより良い関係といえばおかしいけど、何か新しいものが生まれたり、その人にとって素敵な人生となったり、今まで虚しかったものが少しだけ豊かになったりするということがあるとは思うんです。いろいろなことがあったにしても、そう思うんです。それは、利用する利用されるということではなくても。

関：考えたら、家族やその始まりとしての夫婦でも利用といえば利用ですが、それをふつうには人間関係と言うのであって利用とは言いませんよね。そういうことかなと。それを映画では無言の返答という風に表現されたので、やはり観る者としては楽になりますよね。あれを抱えて帰りたくないなあって（笑）。

むしろ、それを利用と言ったら、人間の繋がり全部が利用じゃないのかというところまで行ってしまう。それは行き過ぎなのでその手前で止めて、それでは何て言えばいいんだろうと悩むところを、そのまま残しておいてくれているという印象を持ちました。

人を殺すことについて

関：それから、この映画で印象深いのは、人がたくさん殺されて、しかも最初のミツオの殺人が理由なき殺人という不条理なものなのに、映画全体を拝見してなにか陰惨な感じはしないのです。塀の上を歩き続けて、希望の側に落ちているような感じですね。それもとってつけたような希望だったら、われわれ見る者も「何だよ、そっちに行くのかよ」という浅い感じがすると思いますが、そうではなく静かに希望の側に着地する印象でした。やはりそのためには四時間半いるのかなと感じます。子どもたちが大人になる八年間を描くにせよ、それがたんに直線的な時間の流れではなくて、繰り返しの予感と季節の巡りという大きな円環状のうねりみたいなものを介して、初めてうまく着地させてもらったという印象です。

それこそオウムからいろいろあって、重いテーマを抱えておられた訳でしょうから、それが自然に発酵してこういう形になったと言ってはそれまでなのですが、このようなストーリーは最初からお考えだったのでしょうか。つまり三人の子どもたちが大人になっていくプロセスをへることによって、その親たちの世代の死がそれほど不幸に思えなくなります。死を補填する訳ではないですけれども新しい命が生まれてくる。これは人の死という途方もなく難しいテーマを描くにあたって、生まれる、あるいは育つという生命のイメージをいちばん最初から対比的にお考えだったのですか。

瀬々：そうですね、最後は出産のようなものにしようとは思ってはいました。

関：ただ、三人の子どもたちが育っていくという媒介項を入れないと、たんに「殺人」対「生命誕生」という浅い対比になってしまいますね。この三人がときに交錯しながら育っていくプロセスはやはり最初からのイメージですか。

瀬々：いちばん最初はやはりサトですね。幼い頃のピュアな決意をかかえたままひたむきに成長していく姿は物語の根幹を成します。次がハルキ。無邪気な幼稚園児が八年経つと心を閉ざした少年になっている。そのあとカナっていうように徐々に増えていったという感じです。

ドストエフスキーと「大審問官」

関：この映画のホームページに、「現代社会の『罪と罰』」とあったので久しぶりにドストエフスキーを読んでみました。『カラマーゾフの兄弟』に「大審問官」という劇中劇があって、二番目の兄のイヴァンがその作品について三男のアリョーシャという無垢な男に説明するシーンがあります。どういう設定かというと、一六世紀のスペインが舞台で、異端審問が荒れ狂っていた時代です。そんな時代に、異端審問官の親玉・大審問官の前にどう見てもイエス・キリストだという人間が現れます。

大審問官はその人物を問い詰めます。「なぜ今現れるんだ。かつてお前は三〇そこそこで亡くなって、ペテロを通してもう全権を法王たちに委ねたじゃないか。しかも、神の国は近いと言いながらずっと再来しなかっただろう。もう一五世紀も経っているぞ、それが何でこの時代になって現れるんだ」。そう問い詰めると、イエスと思しきその人物は、さっきの恭子さんじゃありませんけれど、非難を甘んじて受けるようにずっと黙っていて、ただ最後にそっと大審問官に口づけをするという、それだけの話です。この挿話はよく知られていて、イエスの沈黙と接吻の思想的な意味がこれまで多方面から論じられてきました。でも、映画全体とはちょっと違うよなと思って、その前に遡ってみたら、イヴァンが残酷な死をどう受けとめればいいのかという議論をしている箇所がありました。

そこには二つ例があがっています。ひとつは、もう力が弱っているロバに大勢で乗っかって、動けなくなると鞭で目を撃ってとうとう殺してしまったという話です。もうひとつは、猟師の気分をそこねた子どもが犬をけしかけられて噛み殺されるという話です。いわば罪もない少年が殺されるという話ですね。こんなことは世の中にいっぱいあるだろう。それをどうするのか、とイヴァンは問います。

考えるべきことは、とイヴァンは言います、母親ですらそれを許す権利をもってないことだと。なぜなら母親は自分の悲しみという部分でしか許すことができないから。ならば本人はどうかというと、もう死んでしまったわけだから、当の子どもにもその権利がないし、権利を行使することもできない。そうすると、「殺人に対して許す資格や権利をもった人は誰もいない」ことになります。これを聞いたアリョーシャはキリスト者として「ひとり、あの人がいる」と答えます。つまり、われわれ人間には許す権利がないということです。このことは、キリスト教的な神なきわれわれにも（あるいは神なきわれわれだからこそ）非常に良く分かることではないのか。この「許す権利」という視角には虚をつかれる思いがしました。

殺人があった時に、その悲惨さにみあうだけの罰をどうすべきかという方向にわれわれの議論は集中しがちですね。でもこの『カラマーゾフの兄弟』の問いをヒントにするなら、罰するからには、許すにはどうすべきかを知らないとまずいことになる。その点はどうですか。つまり、許す権利も許す力も誰にもないこと、しかも「いや、あの人を除いてね」とアリョーシャがいう「あの人」は（日本の）われわれの世界にはいないですよね。

われわれの人生観・世界観では、むしろヘヴンと言っても非常に近いところにあって、もしかすると手に触れうる世界であったりもします。監督はそういう問題を抽象的に考えられたのではなくて、でもどこかでそれを分かっておられる。だから、殺し屋のカイジマは、根岸季衣のチホが病院で「もういいですから。もうお金とか送らないでください」と言っても送り続けるのをやめません。それは誰にも許す資格がないということを、カイジマはどこかで感じていて——もちろん擬似的な父親になったという面もあるのですが——、それに加えて誰からも許されようがないから延々と謝り続けている、そんな印象をもちました。でも、だとすると、この映画には終わりがなくなってしまいます。監督ご本人が抽象的な意味で、今話したような問題にぶつかっておられたかどうかは分からないのですが、でもそれを感じておられないとああいうストーリーにならないだろうなというふうに踏んだわけです。終わり方というのは、どういうふうにお考えでしたか。

問い続けるということ

瀬々：今の関さんの質問とお話を聞いて、いろいろと思った事はあるんです。許す事もできない、罰する事もできないというような状況があるとしても、問い続けることは重要じゃないかと思うのです。問い続ける。だからこの映画の中でも、アイカワ（ミツオ）が夏の廃墟の屋上で、もう記憶のなくなった恭子に、自分の母親の死について考え、考えて考えてその挙句に人を殺してしまったんだと話をするところがあるんです。その場面は最初脚本にはあまり書いてなかったんですけど、撮影間際になってぶち込んだんです。要は彼自身も何であんな事をやったのかというのは、よくはそんなに言語化できていないんです。ただそれを彼自身も問い続けなければいけないとは思うんです。僕たち自身が、この映画をどうして作ろうと思ったかというと、やはりいろいろなことが分からないから、作ってみたら分かるんです。答えが最初からあるから作った訳ではないというか。

一年半撮影していますが、一〇日から二週間ぐらいの撮影期間で四〜五回に分けて、季節季節で撮っていったんです。一ブロック終わると編集して、次のブロックの脚本を変えていくという練り直しを撮影中もやっていったんです。そういう意味では、答えを探し続けて撮影していったところがすごくあるんです。だから、結局許したり、許されたり、罪を犯した人たちに、その最終地点というのがなかなか見つかることはない。ケジメをつけること、落とし前をつけることは非常に難しい。でも問い続けるということ、それを続けるのがいちばん大切なのではないかと思うんです。何かそれが、この映画のピリオドを打った瞬間というか……。

実際もともとの映画のラストでは、お父さん、お母さんと出会ってゆっくりと歩いて山を下るサトで終わりだったんですが（五三頁参照）、全部編集してこれでは終われないなあと思って、いちばん最後に、サトがすごく挑むような目でカメラを見て山を駆け下りる、駆け下りて向こうの町があるというカットを、翌年の正月過ぎに撮り足したんです。要は、サトはやはり問い続けている顔をしていると思ったんです。何か探し続ける、問い続けるということでしかこの映画は終われないというか、マル（句点）的なものはなかなか打ちにくいなという気がしたんです。最後に挑むような目、何か問うているような目、サトの顔ということで終わらせた。

関：サトが英雄だと思った、冒頭の方でテレビを見て恋をしてしまうヒーローにトモキがいました。でもヒーロー本人の方は、あまり問い詰めていない気がしますね。

瀬々：今はもう安定というか、忘れたように過ごしているということですね。忘れないとしんどいですからね。

関：サトと、あとトモキの妻、それから子どもを殺してしまったアイカワですね。アイカワも自分がしたことを問い続けていますよね。ただ、かなり危ないことも言うんですね。海辺のアパートのシーン——声が聞こえそうなのにおたがいに電話を手にして会話するシーン——のところで「殺人は簡単だ」と言う。ただ、あの緑の廃墟のシーンで恭子さんが亡くなった時には、「この人は大事だったんだ、私にとって大切な……」のあとに、「この人がいなければ、僕はまた殺人を犯したかもしれない」と続きます。アイカワには、最初に登場してきた時から、何か問い続ける犯人像とでもいいますか、そういう風貌がありますね。それから物語的にはこれにならんで、父、母、姉を殺されて、しかもその犯人が自殺してしまったという少女サトですね。この二人の問いというのは、おたがいにすごく響いていて、ずっと問い続けているということですね。

でも、そのサトは時に、例えば恭子さんが亡くなった後でも、なぜかあっけらかんとしていますね。他方で、ふだんはあまり問い続けていなかったようにみえるトモキのほうは煩悶しています。そのあたりの対照具合がとっても大切だと感じます。私はこの映画を二度拝見しているのですが、一回観ただけではもしかすると分からないかもしれません。今日みなさんが初めてご覧になったのだとすると、もう一度見る機会があったらぜひご覧になってください。

今おっしゃった、問い続けるということがとても大切だなと思うのは、時間が巡り、子どもたちが成長するように、そして家族も別バージョンになっていくように、時とともにわたしたちの世界は変化していきますよね。そのなかにいて一回だけ問うのではダメで、それはもう無意識でもいいから、問い続ける。その時に、あの怪物というのは一体どこから生まれますか。問い続けているかぎりは生まれないはずかなと思うのですが。

瀬々：そうかもしれないですね。問い続けている限り生まれないかもしれないですね。

関：しかし、いつでも誰にでも問い続けることができるわけではありません。日常のなかでそれをやるとしんどすぎるし、そもそも日常というのはそういうものではないですよね。

瀬々：ええ。問いを止めないとしんどい時ありますからね。

「ヘヴン」と日本の神

関：もう一度先ほどの怪物に戻りますと、怪物が寂しいというのは、私たちに助けを求めているのでしょうか。怪物と私たちと言ってしまうと、何か別々の存在みたいですが、アレ（怪物）は私たちのなかにいるんですよね。

瀬々：そうですね。

関：この『ヘヴンズ ストーリー』は、もちろん限られた時間と空間のなかで限られた人々によってしか演じられていませんけれど、海の彼方の戦争とか悲惨な出来事が全部そこに繋がるという――話のスケールをあまり大きくし過ぎないほうがいいかもしれませんが――そういうふうに問題をとらえたとすると、私たちは怪物に対して何ができるだろうかと。もちろんこの問いも問い続けているわけで、答えは即座には出てこないですね。これは監督に聞いてはいけない質問かな。

瀬々：それを言っちゃうと、すごくもう安っぽい言葉になっちゃうんですよね。

関：それではやめておきましょう。別の角度から「ヘヴン」の話をうかがいます。最終章でサトが、遺品整理で親の手紙を読むシーンがあります。「あなたは生まれた時のことを憶えている」と言っていた、という手紙の一節にはじまるシーンで、「光のほうに行くと温かく柔らかいものがあった」というんですね。そして終わりのほうのタイトルが〝空にいちばん近い町〟となっている。空というのはヘヴンですよね。

瀬々：意味的にはそうですね。

関：タイトルのヘヴンは「楽園」のヘヴンとは同じではない？　監督の頭のなかでは……。

瀬々：この映画で実はすごく難しいのは、キリスト教的なヘヴンズ ストーリーにあまりなってないところがあるんですね。

関：なってないですよね。

瀬々：世界観というか作りが、どちらかと言うと日本的な八百万神的なものだと思うんです。草にも土にも空にも神さまはいるという系統ですよね。自分で『ヘヴンズ ストーリー』というタイトルを付けていながらですが。これ非常に言いにくいんですけど(笑)。

関：しかし、怪物という呼び名ではあっても、あれはわれわれの神々であったり、生命の根源であったりする、根っこの存在ですよね。それが山にいるというのは、やはり日本的ですね。

瀬々：そうですね。山にいるというのは、日本的ですよね。

関：そして、土俗的な衣装をまとって蠢いているというか踊っている。サトの親兄弟もそこにいて、仮面をはずすとその家族だったという場面でも、死ぬと神さまになるという意味では民俗的ですね。これがキリスト教の天国という話になると、ぼくたちには遠すぎてリアリティがなくなってしまうでしょう。あのように死者は近場にいるし、殺されたはずのカイジマやトモキも最後は後ろのほうから見ています。死者は近いですね。

そして新しい子どもたちがさらに新しい生命を生んだり、児童養護施設に連れて行かれたりして、一見ばらけそうにみえても、ハルキの擬似的な母親になりそうなブティックの女性、直子の「今度、会いに行くから」という台詞を聞くと、ああ繋がるなあと思います。そういう断片的な出来事がいくつも重なって、輪郭のはっきりしたキリスト教の天国みたいなことではなくて、ゆったりと懐かしい場所に着地してくれる。そこに私たちの故郷っぽい感覚を感じます。

瀬々：先ほどおっしゃった母親からの手紙の中で、サトが「生まれた時のことを憶えている」と言っていたところは、実はその少し前に出産シーンがあると思うんですが。あの場面は実際にある産院に協力していただいて、本当の出産の場面を撮っているのですが、カナを演じた女優さんが産んでいる訳ではないんです。ある妊婦さんに協力をいただいて、産まれる時に連絡してくださいって頼んでいて、それで産まれそうになって産院に行って、産まれたところを撮らせていただいた。すぐ赤ちゃんを抱かせる訳にもいかないので、赤ちゃんがお母さんに懐いている間に、僕たちはカナが呻いている上半身を撮っていて、落ち着いた頃に抱いてもらったのです。

その産院の先生というのが、子どもの頃の記憶をいっぱい集めていた人なんです。「私は生まれる前の記憶がある」とかいう子どもたちの証言をたくさん集めていて、本にしているんです。その本が非常に面白かったので、その場面に引用させてもらったんです。産道を通って行った記憶があるみたいな、まさに光が見えた記憶を持っている子どもたちが結構いるようで、その証言を使わせてもらったんです。その証言集は結構面白かったですよ。

関：臨死体験もやはり光に関わるという意味では、最初おっしゃった廃墟と建物を構築しているのは、途中で切り取ると同じプロセスに見えるというのが響いているような気がします。何か私たちは不思議な死生観を持っていて、インドなんかの輪廻転生ほどではないけれども、何となく生まれ変わるみたいな感じがどこかあるんです。それは、場合によっては記憶に残る事かもしれないです。でも、もっとリアルに、この人死んだら違う形で生まれ変わってきてもおかしくないな、みたいな感じです。

そういう意味では、生命は循環していく。先ほどアニミズムとおっしゃったけれど、そういう感じがあって、それから言うと、やはりキリスト教的な天国には合わないです。キリスト教では一回限りですから、もうそっちに行ってしまったら、それきりですからね。

それで、地獄に行ったとしても、それっきりですけど。いや、巡るよねみたいな、それはもしかしたら比喩的に世代の話かもしれないのですけど、私たちの感覚では、山からの怪物まあ神々、それから「死と殺人」と「生命と誕生」という感覚、これは対にすると非常に説得力があるように思います。

外国ではどのように受け止められたのか

関：それに関して少しおうかがいしたいのは、ベルリン映画祭で向こうの人はこの作品をどのように受けとめたのでしょうか。

瀬々：実際にベルリン映画祭に行って、会場で上映後に質疑応答みたいなものがあったんです。ディレクターが質問ある人って言うと、皆なポカーンとしていましたね（笑）。普通は、他の映画では質問多いはずなんだけど、珍しいなと言われたんです。皆なポカーンとしていましたね。さすがに疲れたのかもしれないですけど。

それから、カザフスタンの映画祭に行ったんです。カザフというところはイスラム教徒が多い国なんです。上映が終わって、質問ありますかといったら、七〇歳ぐらいのおじいさんがスッと立って、「この映画の復讐は甘い気がするんだけど、日本はこれでいいのか」と。当然、イスラムですからおじいさんがそう言うと、まわりが「甘い、この復讐は甘い。イスラムじゃ、こんなのじゃ駄目だ！」と。若い人たちは、おじいさんがそう言うと「ブー」と言ってました（笑）。そんな風に、何かいろんな受け取り方があるんですね。

ところで話は変わりますが、関さんは中山みきについても研究をやってらっしゃるんですよね。

関：はい。あの人は面白いおばあちゃんで、けっこう裕福な農家に嫁ぐのですが、家をほとんど全部壊してしまうんです。今の天理市の庄屋敷村にあった大きな屋敷を、塀とり払え、屋形とり払えと、どんどん壊してしまう。先ほどの建物の話ではないですが、壊していくプロセスが同時に彼女にとっては生むプロセスだったらしくて、それを神憑りでやっているから、手がつけられない。それで、貧に落ちきったところで人を助けはじめます。病治しやお産ですね。時代は幕末維新期でした。あの頃にはそういう人たちがだいぶいたらしくて、要するに拝み屋さんのような霊能者たちが、変革期の時代体験と生活体験をへて新たな宗教思想を獲得していったケースです。

今は偉い教祖ですが、同時代に生きた近くの人はみき婆さんと呼んで親しんでいたらしく、面白いエピソードがいくつも残されています。なかでも好きなのは、親神さまの話です。天理教の親神さまというのは原初の泥海にどじょうを始めとするいろいろな生命体を造った創造神で、神話にはとても土着的な世界観が描かれています。ある男がですね、たぶん知的な人物だと思うのですが、「ならばその親神は誰が造ったのか」と質問します。すると、みきは「アホな質問をするな」と叱ったというのです。つまり、そこで打ち止めだと。親神というところで打ち切ったのだから、「それ以上訊くのはアホやで」というわけですね。

大学にいて何か研究していると、どんどん先に行こうとします。知性の宿命のようなものですが、そこで止めなきゃいけない箇所というのがあって、日常ではそこで止めているのを忘れてその先に行こうとしがちです。でも、それはマズイのではないか。

映画でも、もう少し先まで説明してくれみたいなこともあるでしょう。でも、ほんとうは「説明しちゃ駄目だろう、そこに作品があるのだから腕組んで考えろよ」、でなければ「もっと問い続けようよ」という態度が大切だということを、だいぶいい歳になってから学びました。

残念なことに学校でも学会でも、何か質問したり発言したりすると優れているみたいな、おかしな風潮がハバをきかせていますが、これ誤った考えですね。そうではなくて自分に溜める。自分に溜めてすぐには言葉に出さずにそこで思いを育てる。それこそ監督がいろいろな事件があったのを心にとめておられて、そしてドキュメンタリーで廃墟などのイメージを重ねていって、どこかでそれがひとつに繋がってこの作品になったのかなあという印象を持っております。

瀬々：ありがとうございます。しかし、その親神のところで問いをとめるというのは面白いですよね。

死に対する日本的軟着陸を示した映画

関：そこで止めるんです。ユダヤ・キリスト教はもうはっきりと、「原初の渾沌があり、そこで神が」と言うから、ああその先はないと思うしかありません。そういう意味でも、あまり含みがなくて輪郭のはっきりしたキリスト教の世界というのは、やはりちょっと苦手です。

これに対して何か曖昧で、ぬるさのある世界、「それ以上訊くのはアホやで」と言えるぐらいのぬるさですね、それがとても大切なのではないか。自分たちを肯定ばかりしていてもしかたないのですが、はたしてぼくたちが世界の何処にいるのかを考えるうえで、今回の映画は大変勉強になりました。つまり、ああいう陰惨な殺人を、このような方向に軟着陸させる方法というのがあるのだ、というふうに受けとめました。

そういえば、映画のあの最後の歌がとても印象に残っています。作詞は監督ですよね。あれは最初から予定されていたのですか。

瀬々：音楽全体は安川午朗さんという日本でも有名な映画音楽屋さんが作ってくれているんですけど、安川さんがラッシュというか編集されたのを観て、「瀬々さん、これお土産持って帰ってもらいましょうよ、四時間観た人たちに。最後に歌モノでいきましょう」と言って、歌を作ろうということになって作詞したんです。これには賛否両論ありまして。詞に関しては、「そこまで言わんでも分かってるわい」と言う人が結構いるんです（笑）。

関：あそこまで解説するなよな、ということですか。

瀬々：野暮だぞってよく言われますね。

関：あの歌詞は、ちゃんと全部を聞きとれてはいないのですが、「あなたが死んだ後もつながりゆく物語」とかそんなフレーズ。「残された家族、あなたを受け入れた」とか「犯した罪を許してくれたわけじゃない　彼らの悲しみを……」ですか。そして「でも死んでしまえとは決して思わない」。そんなにはないですよ。解説文ではないですし、これ自体謎めいていますから。「繰り返される物語……」

瀬々：いやもう、それ以上は言わんでください（笑）。

関：ただですね、この歌詞があるおかげで、海の向こうの戦争とか、そういう不幸と繋がっているなということがすっと飲み込めました。想像力豊かな人ならこれがなくとも繋がるかもしれないのですが、この歌詞がないと土俗的な世界というだけに終わってしまうかもしれません。ほんとうは、この土俗的でもある日本的な軟着陸の方法がはたしてどこまで通じるのだろうという、大切な場面でもあるのですが。

瀬々：そうですね、それはそう思います。

関：同じ島国でも、ＥＵからの脱退を決めた英国とはだいぶ違いますね。先年のスコットランド独立投票の接戦をふくめて、ああいう強烈な場所に生きている島国とくらべると、日本は極東の言わば地政学的なヘヴンです。

瀬々：そういう意味では、それとちょっと遠からず近からずなんですけど。光市母子殺人事件の少年は死刑判決になったんですけど、実は本村さんのそのいちばん最後の時にテレビで応えたインタビューを、僕は今でも忘れられないんです。

その時に、「あなたの思う通りに、判決は死刑がおりました。どう思いますか？　今の心境をお聞かせください」と聞かれたんです。そしたら、結構不機嫌な顔をして本村さんはインタビューを受けているんですけど、「これからは僕は日本人として恥ずかしくないように、社会人として恥ずかしくないように、納税をして社会のために尽くします」と言ったんです。

すごく違和感があったのを覚えています。「社会人として恥ずかしくない」はおかしいな、何でこんなこと言っているんだろうと思ったんです。その後、彼にずっと付ききりになってルポルタージュを書いた人の本を読んだ時に、謎が解けたんです。本村さんは、この映画と同じように、「殺してしまいたいです」とテレビで言った直後に非難囂々となって、悩まれたらしいんです。その後、その足で東京に行って「ニュースステーション」に出て、久米宏さんと対談しなければいけないスケジュールだったんだけれども、それもキャンセルしよう思ったぐらいだったらしい。そこに彼の会社の上司が近づいて来て、「本村、お前は会社を辞めようと思っているだろう」と。実際、本村さんそう思っていて、でも、「お前はこの裁判を社会人として、サラリーマンとして戦い抜け」と、要は社会と繋がっている個人としてやってくれと、言われた。それがやはりすごく心に響いたらしいんですね。その後、久米さんのニュースステーションに出たんですけど……。

それを読んで、あのインタビューの時に、「社会人として恥ずかしくないように生きようと思っている」というのは、その言ってくれた上司に彼は伝えたかったんだと思ったんです。

関：映画で言うと、トモキの立場がちょっと似ていますよね。「殺す」と発言してしまって非難囂囂なんですけど。

瀬々：なかなかスパッとした解決方法というのは、僕らの周囲では難しいというか、本村さんも判決後の語りも、この判決自体にすごく気分爽快というのではなく、その励ましてくれた上司に対する言葉でしか、その時は返せなかったというか、たとえ死刑判決が出たとしても、ことの結末には至ってない、ずっと抱えないといけないような問題がそこには含まれていると思うんですけど。

関：日常に戻りたいという発言でもない。

瀬々：そうでもないと思います。その時の上司に対する、「ありがとう」というような事だったような気が僕はしたんです。すごく不機嫌そうだったのが、印象的だったです。

関：やはり、口ごもっていますよね。そこのところは、煮え切らないというか、あえてはっきりさせないというか、何か僕たちも煮え切りませんよね。

里と山との境もあまり無いところから神さまが来るし、死んでも比較的容易に帰ってくるし、煮え切らないですよね。でも、日本文化を考えるためにそれを煮え切らないと言わない方法を探していて、この映画はそのひとつの答えと方向を指しているような気がします。軟着陸するという方向ですね。これはある種の知恵だろうと。

それこそ「日本は大陸じゃないからね」みたいなことを言ってしまえば、全部吹き飛んでしまうのですが。そうではなくて、われわれの限られた資源と環境のなかで編み出した知恵としての煮え切らなさ。しかし、それは上手にやれば問い続けるということになりますね。そして命を大事にするということにも、うまくやれば繋がるのではないかと思うのです。

今日は大長編映画『ヘヴンズ ストーリー』について、直接監督から貴重なお話を伺うことができ、ありがとうございました。これからとりかかられるという自主製作の映画『菊とギロチン』も大いに期待しております。

「ヘヴンズ ストーリー」作品紹介

福岡ユネスコ協会［編］

第一章　夏空とオシッコ

八歳の少女、サトは友達と海に遊びに来ていた。そこに友達の母、美奈が慌ててやってきた。サトの両親と姉が殺されたのだ。サトは母方の祖父ソウイチに引き取られることになった。「妻を亡くして以来、娘は家に寄りつかなかった」、そう呟く祖父は孫娘をどう扱って良いかわからず、仏頂面でサトを車に乗せた。見送る友達が「サト、オシッコしてから行かなきゃダメ」と声をかけるが、サトは「もう一生、オシッコはでないの」と答え、車は出発する。

途中、お腹が痛くなるサト。祖父が薬を買いに行った合間にサトは車からいなくなる。必死でサトを探す祖父。その頃サトは、電気店のテレビで、サトの家族を殺した犯人は自殺したというニュースを見ていた。耳をふさぐサト。次に聞こえてきたのは「僕がこの手で犯人を殺してやります」という男の声だった。見ず知らずの少年に妻

子を殺されたトモキだった。彼は「犯人を社会に出して僕の手の届くところにおいて欲しい」とも訴えた。サト、オシッコがでた。

その頃、サトを見つけられない祖父は堰を切ったように泣き叫んでいた。それは娘を失った悲しみなのか。自分への情けなさの嘆きなのか。そして、サトが戻ってきた。「わたしね、お父さんの年齢もお母さんの年齢も、お姉ちゃんの年齢も追い越して生きるの」。祖父はサトを抱きしめた。

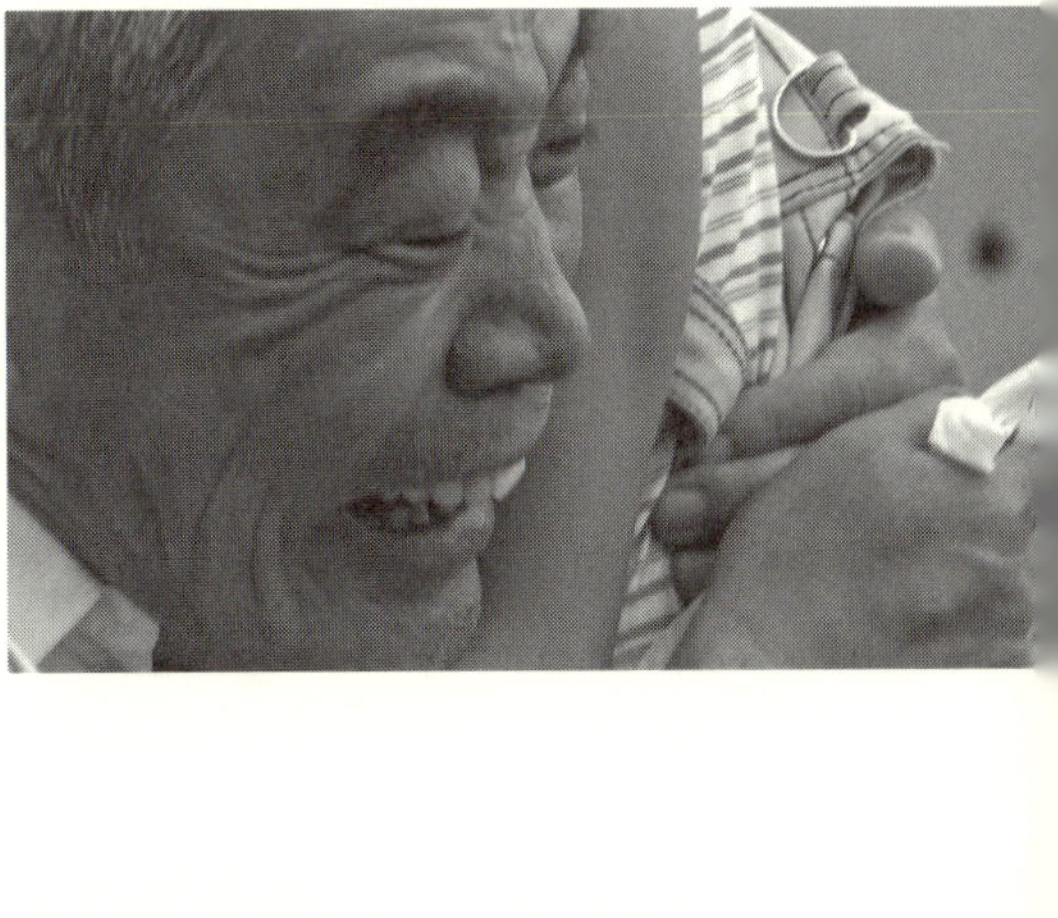

第二章　桜と雪だるま（一章から半年後）

トモキの妻は、夏の陽ざしが照りつける川辺で少年に何回も石で殴られ、娘とともに殺されたのだった。

明かりのない部屋でトモキがパソコンのキーを叩いている。画面には「復讐代行」の文字が見える。外は花見の賑わい。警官のカイジマが、高校の同級生の集まりで花見をしている。そこに、トモキが現れ桜の木に登って枝を切ろうとして落ちる。この花見でカイジマは、友人のシオ

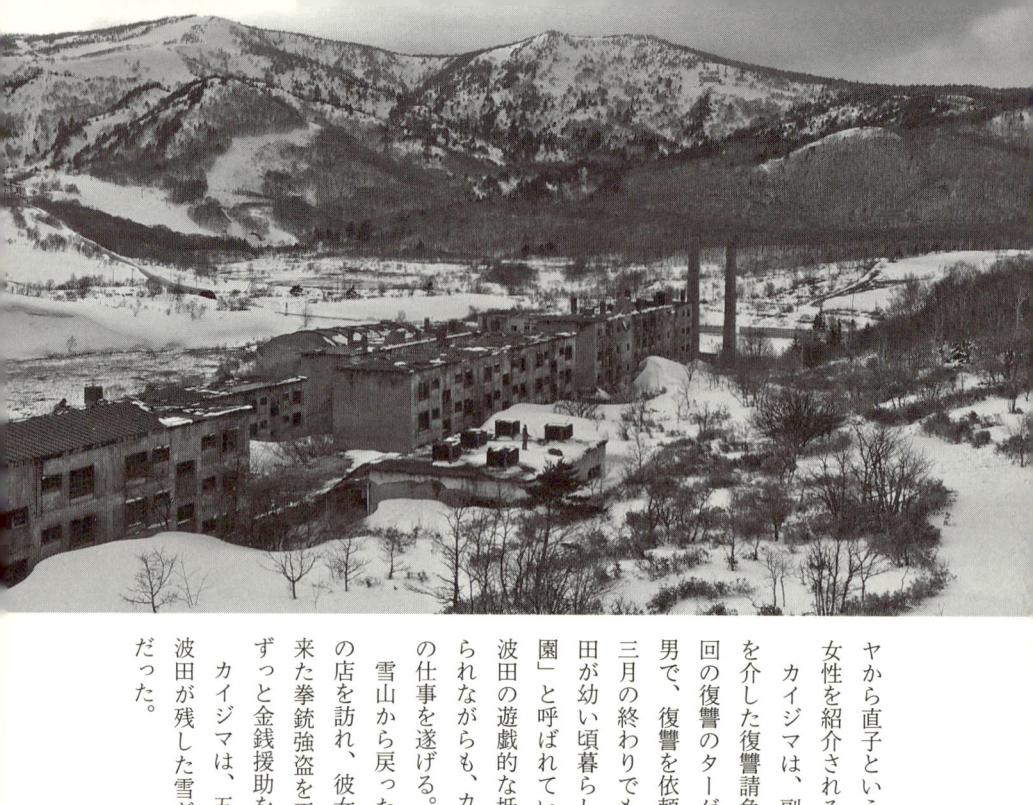

ヤから直子というブティックを営む独身の女性を紹介される。

カイジマは、副業としてインターネットを介した復讐請負屋の仕事をしていた。今回の復讐のターゲットは、波田《はだ》という中年男で、復讐を依頼したのは波田の妻だった。三月の終わりでもいまだ雪深い東北の、波田が幼い頃暮らしていた時には「雲上の楽園」と呼ばれていた鉱山住宅の廃墟の中で、波田の遊戯的な抵抗や心情の吐露に悩ませられながらも、カイジマは請負った「殺人」の仕事を遂げる。

雪山から戻ったカイジマはその足で直子の店を訪れ、彼女に自分の身の上話を語る。勤務していた交番に入って来た拳銃強盗を正当防衛で殺害してしまった過去を持ち、その遺族にずっと金銭援助を続けているのだ、という。

カイジマは、五歳の息子ハルキと暮らしている。散りかけた桜の下で、波田が残した雪だるまと共に、父と息子はふたりだけの花見をするのだった。

第三章　雨粒とRock　（一章から三年後）

二二歳のタエはロックバンドでギターをやっている。ひとりよがりな演奏でメンバーと馴染めない。愛というものを知らない境遇で育ってきたタエは、幼い頃父から受けた暴力で片方の耳が聞こえなかった。

雨が降りしきるある日、彼女は自分を捨てた恋人の部屋に入るために鍵屋を呼ぶ。やってきたのはトモキだった。トモキの態度に何かひっかかるものを感じたタエは、トモキが自分に乱暴したと鍵屋に嘘の電話をして、彼を自分のライブ会場に呼びつけた。トモキの話も聞かず、自分たちの演奏を聞かせ、打ち上げのカラオケ店まで連れていくタエ。

トモキは彼女が他のバンドメンバーから孤立していることを知る。タエから「私を感動させる所に連れて行ってくれたら、帰っていい」と言われて、夜明けの海に向かう二人。最初は反発しあっていた彼らだが、やがてタエが耐えきれぬように哀しみを吐き出した時、二人の距離は縮まり、互いに慰めあうように抱きしめあう。

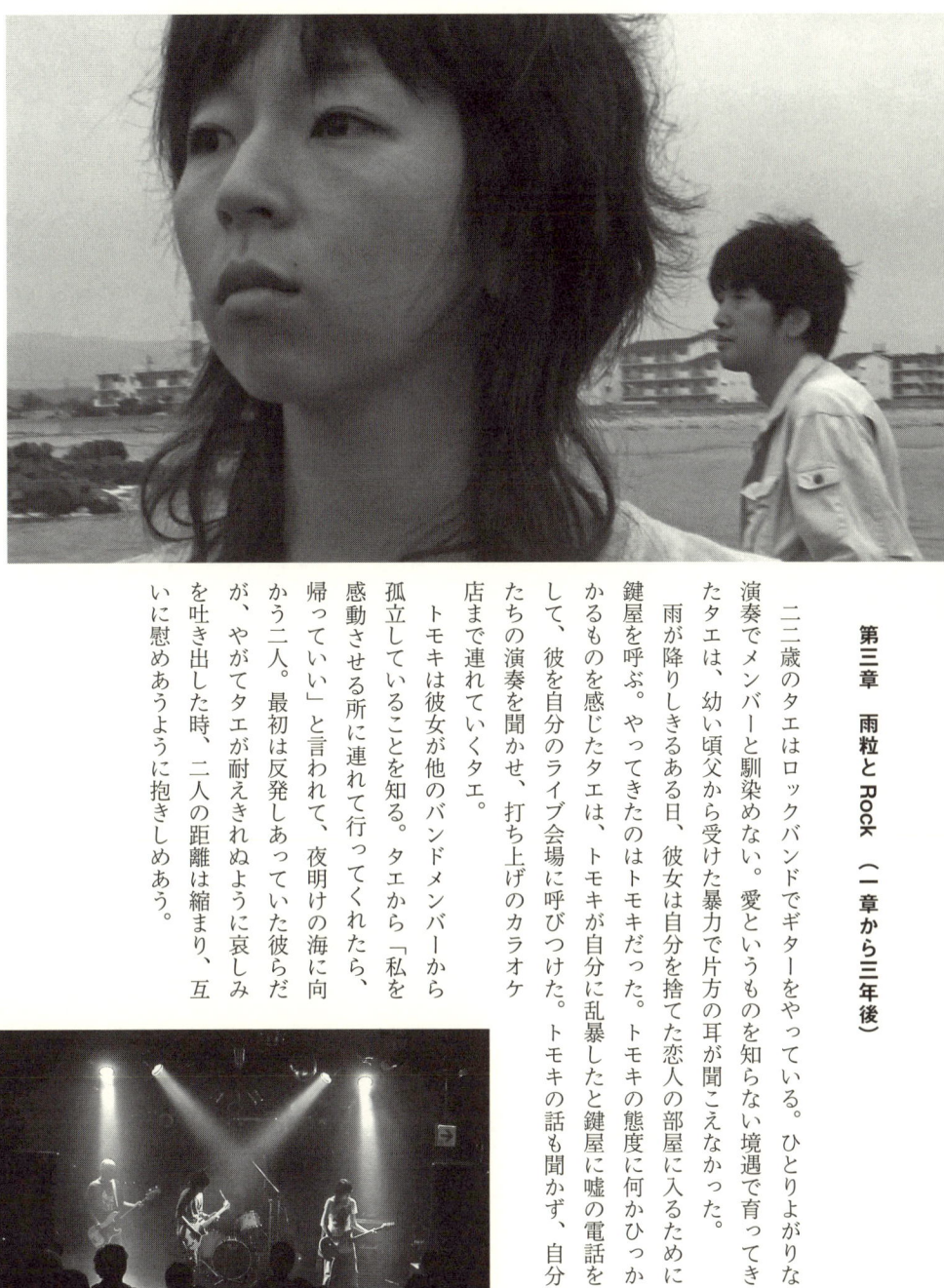

第四章　船とチャリとセミのぬけ殻　（一章から八年後の夏）

ある船着場に一六歳になったサトが降り立った。そこには、一二歳になった警官カイジマの息子ハルキがいた。蝉のぬけ殻をきっかけに話し始めたハルキの自転車を強引に借りたサトは、そこで暮らしているはずのトモキを探した。トモキはタエと結婚して、娘と三人幸せそうに暮らしていた。トモキの変化にサトは困惑する。

一方、ハルキは心を閉ざした少年になっていた。若い女を連れた怪しげな中年男、鈴木のバッグをひったくろうとして反対に鈴木に殴られる。担任からしばしば電話が入り、カイジマは息子をどう扱って良いのか分からなくなっていた。

サトはセミのぬけ殻をとってもらうふりをしてトモキと二人になる。幸せそうなトモキに憤りを感じ、「殺してやるんじゃなかったんですか」と詰め寄るサト。トモキの妻子を殺害した犯人は既に出所

していたのだ。
サトの家族を殺した犯人は自殺してしまい、自分には復讐はできない。サトは自分の思いをトモキに託すことによってそれまで生きてきたのだった。トモキは目の前に突然現れた少女に当惑する。トモキはサトに聞く。「家族を殺された人間は幸せを願っちゃダメかな」。サトはきっぱりと答えた。「ダメだと思います」。タエとの家庭を愛しているにも関わらず、その夜トモキは行き先を告げずに外出して、サトとともに船に乗った。

第五章　おち葉と人形
（一章の頃から八年後まで）

人形作家の恭子は、医師の涼子から若年性アルツハイマーと診断される。ずっと孤独に暮らしてきた恭子は、涼子に「なくなってしまうと困る思い出が何も思い当たらない」と告白する。ある日、恭子は病院のテレビで、トモキの妻子を殺した少年の弁護士の記者会見を見る。そこで、犯人の少年ミツオのコメントが

読み上げられた。「これから生まれてくる人間にも僕のことを覚えていてほしい」。

今まで生きてきたことも忘れてしまい、誰からも忘れられて死んでいく覚悟をしていた恭子は、この言葉の主であるミツオのことが妙に気になり、弁護士に頼み込んで服役中のミツオに手紙を出す。最初は一方通行だったが、徐々に心を開いたミツオから返事が来るようになる。初めての面会は、落葉が舞い散る季節だった。やがて恭子は、弁護士のすすめもあってミツオを養子にした。

数年後、仮出所したミツオは、病状が進行した恭子と二人で暮らし始める。ミツオは、懸命に恭子の世話をするが、ミツオのことが誰だかわからない時もあり、ミツオの悲しみは大きくなる。恭子は自分を利用して介護をさせるために養子にしたのではないかと疑う時もある。傍ら、ミツオは就職活動に励んだが、世間の目は冷たい。ミツオにとって、恭子の存在だけが唯一の救いだった。

第六章　クリスマス☆プレゼント（一章から八年後の冬）

街はクリスマスシーズンで賑わっている。カイジマは、正当

防衛で殺害してしまった強盗の妻チホが入院する病院へ金を届けに行った。そこには、チホの義娘カナが見舞いに来ていた。奔放な娘カナは、まじめに援助を続けるカイジマをからかう。

ハルキは、相変わらず荒んでいた。ゲームセンターで遊ぶ少年たちのバッグを盗もうとして追いかけられ、とっさに線路に飛び降り、重傷を負う。その頃クリスマスプレゼントを買ったサトは、学校からの帰り道に、空き地で同級生から虐められる。

建築現場で働くミツオは、職場の同僚たちに誘われ酒を飲み、風俗店に連れて行かれて眠り込んでしまい、同僚たちの分まで支払うはめになる。帰り道、恭子へのクリスマスプレゼントを買うミツオ。そんな彼をトモキがずっと尾行していた。

トモキはたまらず、ミツオの前に飛び出し、詰め寄る。ミツオは、あわてて逃げ去って行った。酒を飲み、恭子へのプレゼントを買うミツオの姿にトモキはショックを受けた。人を殺して、のうのうと生きている。トモキは復讐を決意したことを、サトに打ち明ける。喜んだサトはトモキに用意していたプレゼントを渡す。

トモキの最近の様子に、妻のタエは不安を募らせていた。今日もクリスマスなのに夜遅い帰宅だ。不満をぶつけるタエ。トモキと出合ったミツオは、行方をくらます決意をする。今は施

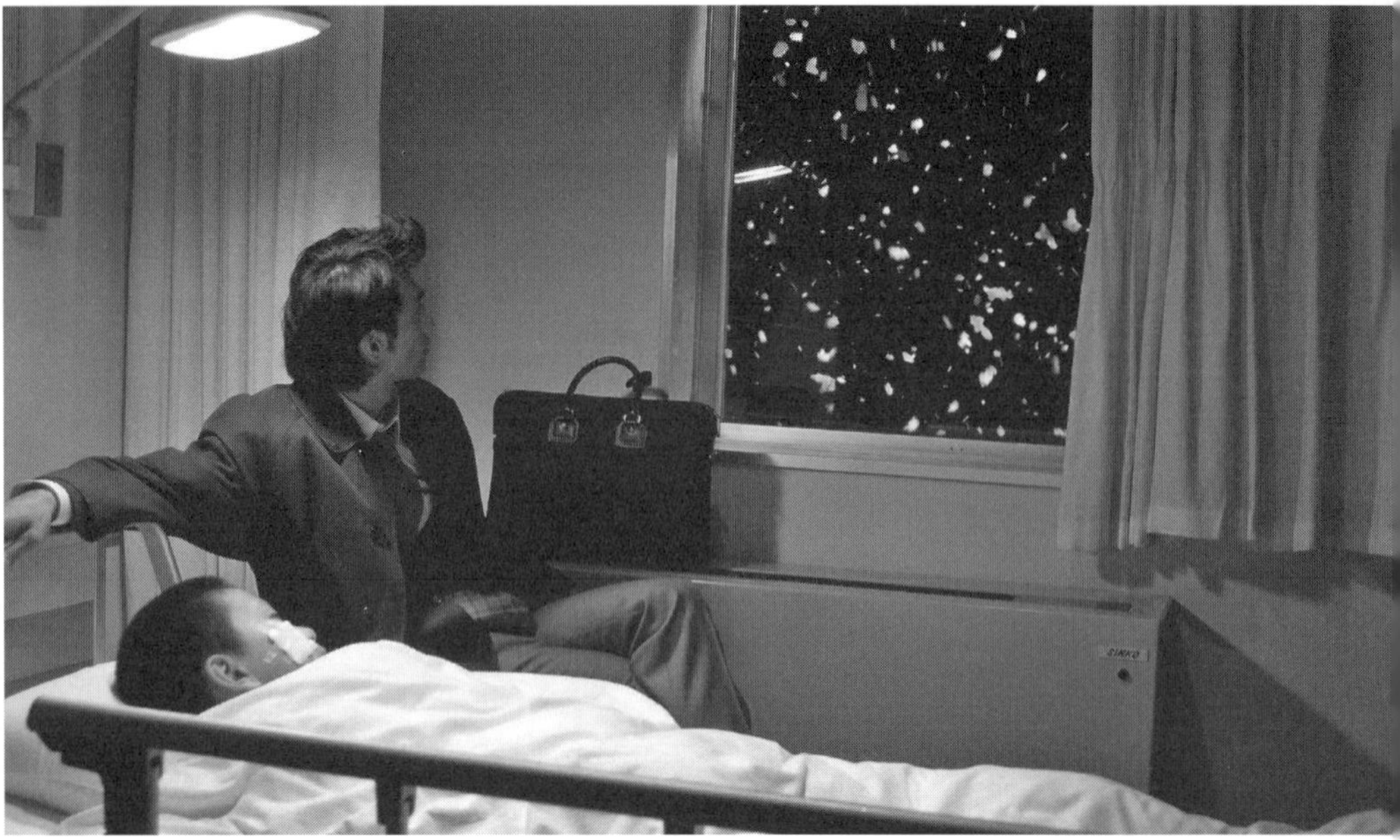

設にいる恭子にプレゼントを渡し、別れを告げた。
一方、今日も副業の復讐請負仕事をしているカイジマは、今度のターゲットである動物園で働く黒田を追っていた。そんな折、ハルキ重傷の報せが入る。請負仕事を片付け、病院に駆けつけるカイジマ。痛々しく包帯をまいたハルキにカイジマは、クリスマスプレゼントだと言って、カーテンを開け、降り出した雪を見せる。少しだけ、心を通わせる父と息子。全てに平等に雪は降りそそぐ。

第七章　空にいちばん近い町１　復讐

東北の鉱山跡の夏草が繁茂する廃墟（二章と同じ場所）にミツオが恭子を連れてやって来た。ミツオは半年近く日本中を転々としながら働いてきた。トモキの存在に怯え、恭子と住んでいた町から出たミツオだったが、恭子のことを放っておくことはできず、施設から恭子を連れ出し、彼女の故郷だった鉱山の町に連れてきたのだ。恭子はもう言葉を口にすることもできなくなっていた。

そんな二人を監視している二つの視線。トモキとサトがミツオと恭子の後をつけていたのだ。ミツオが恭子から離れたすきに、トモキとサトは恭子の顔にビニール袋を被せて連れ去る。ミツオはそんなことは知らず、ただトモキたちの姿に気づくと、必死で逃げた。

追うトモキ。
その頃、サトは恭子に、なぜミツオと暮らしたのかと問いつめていた。しかし恭子は答えることができない。トモキがミツオを必死で追っているその時、サトが、恭子は死んでしまったと伝えに来る。激しく慟哭するミツオ。
トモキとサトはあわてて逃げ去った。
その頃、カイジマは何者かによって殺害されて、箱に詰められてゴミ捨て場に捨てられていた。死は突然にやってくるのだ。

第八章　空にいちばん近い町２　復讐の復讐は何？

カイジマの部屋に、妊婦のカナが飛び込んできた。義母のチホが亡くなり、カナはカイジマからの支払いが途絶えたので、金に困って現れたのだ。息子のハルキが、カイジマの死を伝える。金が欲しくて部屋のあちこちを物色していたカナは、トイレの中で偶然カイジマが隠していた拳銃を見つける。

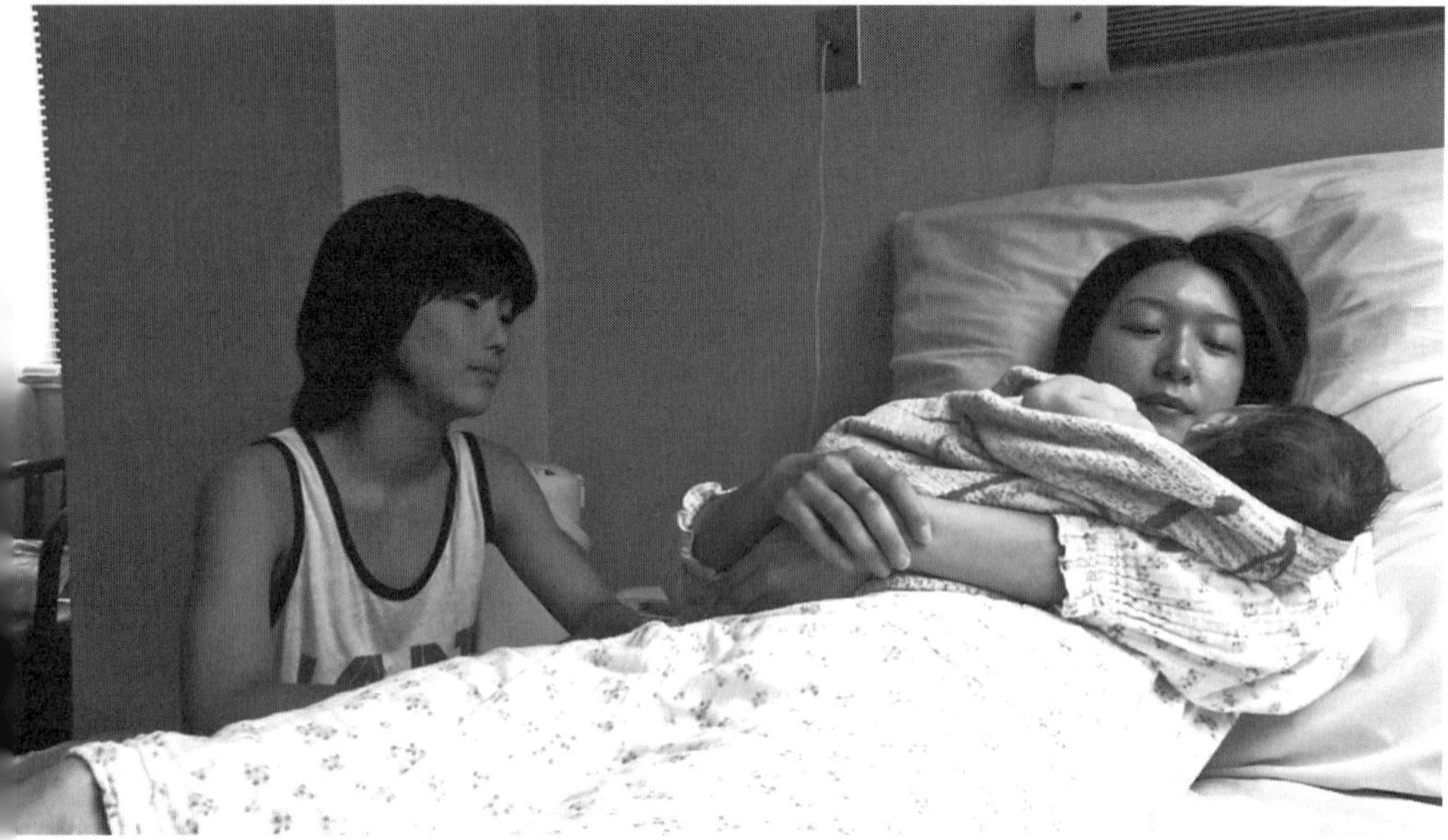

結果的に恭子を死なせてしまったトモキとサトは、タエが出ていった部屋で、人を殺めてしまったという現実とミツオの復讐に怯えていた。恭子を殺されたミツオは、二人が息を潜める部屋の近くに車を停め、その中で何日も監視していた。そして、ミツオは携帯電話からトモキに向かって、妻や娘を殺した時の話をする。

カナは拳銃片手に金目当てでミツオの車を襲うが、ミツオに一発の銃弾を浴びせた後突然産気づいてしまう。トモキは、意を決してミツオとの対決に向かった。人影のない陽射しだけが降り注ぐ公園で、トモキとミツオが死闘を繰り広げる。

やがて殺し合った二人に悲劇が訪れる。トモキを抱きしめ、泣叫ぶサト。その頃、病院ではカナが新しい「命」を産んだ。

第九章　ヘヴンズ ストーリー

（一章から九年後、そして一〇年後）

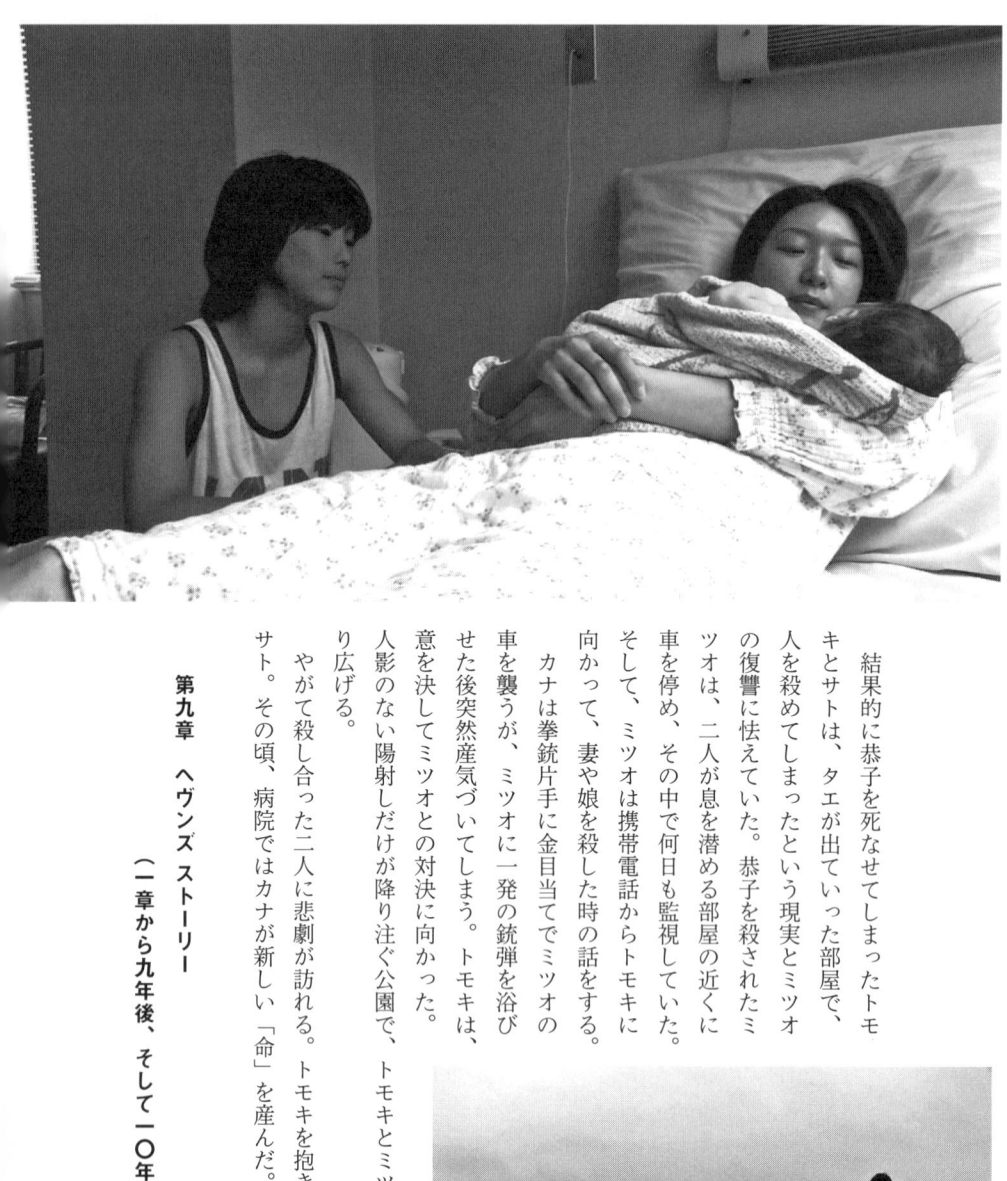

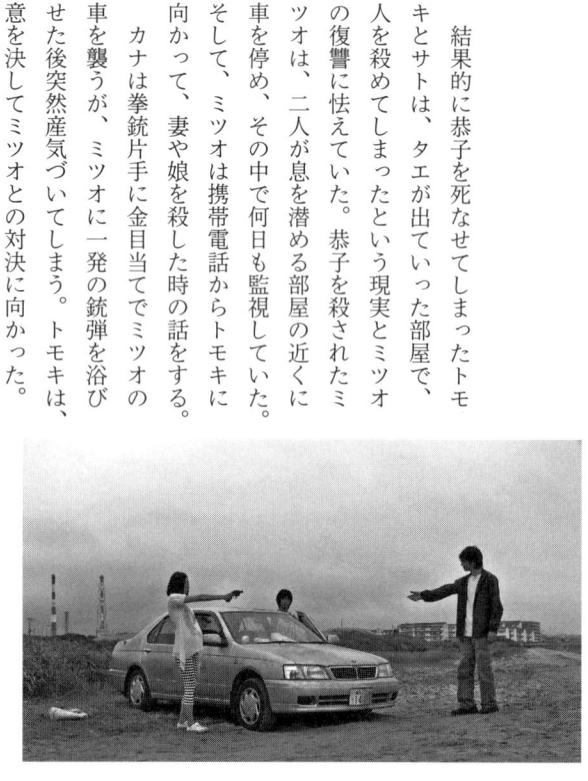

死んだトモキとカイジマの魂が、それぞれの家族を見守っている。海辺の団地の風景はいつもと変わらない。

季節はずれの雪が舞う紅葉の山中を走るバスにサトが乗っている。そのバスには死んだ恭子とミツオも、さらに音楽を奏でる八歳のサトも乗っていた。いつしか雪の止んだ草原で、仮面をつけた人形師達が美しく舞う。サトはその幻想的な舞台を瞬きもせずただじっと見詰める。人形師たちが次々に仮面を取っていく。それは、九年前に殺されたサトの両親と姉だった。サトは今、姉の年齢を追いこした。サトは母親の腕に抱かれ、温かな腕の中で泣いた。

一〇年がたった。冷たい空気を通して太陽の光に輝く街。サトがこちらを見据えている。彼女はいま、この街で生きていくことを決意している。

瀬々監督と本多叶奈（幼い時のサト）

第二章の冬の廃墟シーンの撮影

第七章を夏の廃墟で撮影。右から瀬々監督、
忍成修吾（ミツオ）、山崎ハコ（恭子）

靄に霞む海辺に佇む団地の撮影風景

最終章のラストシーンを撮影中の
寉岡萌希（サト）と瀬々監督

印象的な最終章のサトの表情

助監督：海野敦／菊地健雄
制作担当：藤川佳三
スチール：長谷井宏紀／ MACH

エンディング曲「生まれる前の物語」
歌：Tenkö　作詞：瀬々敬久　作曲：安川午朗

製作：ヘヴンズ プロジェクト
ティー・アーティスト／国映／エースデュース
コム・ゼット／MOVIE ON／ヒューマックスコミュニケーションズ
ワイズ出版／スタンス・カンパニー
配給・宣伝：ムヴィオラ

《撮影》
2008 年 9 月　第一期撮影（第三章・雨粒と ROCK、第四章・船とチャリと蝉の抜け殻）
2008 年 12 月　第二期撮影（第五章・落ち葉と人形、第六章・クリスマスプレゼント）
2009 年 3 ～ 4 月　第三期撮影（第二章・桜と雪だるま）
2009 年 7 ～ 8 月　第四期撮影（第一章・夏空とおしっこ、第七章・空に一番近い町 1　復讐、
第八章・空に一番近い町 2　復讐の復讐は何？）
2009 年 11 月　第五期撮影（第九章・ヘヴンズ ストーリー）
2009 年 11 ～ 2010 年 3 月　ポストプロダクション
2010 年 3 月 25 日　初号

《公開》
2010 年 10 月　渋谷ユーロスペースを皮切りに、山形 MOVIE ON など全国順次ロードショー

第 61 回ベルリン国際映画祭　国際批評家連盟賞受賞
映画芸術 2010 年度日本映画ベストテン第 1 位
キネマ旬報 2010 年度日本映画ベストテン第 3 位

（以上作品企画書より引用）

「ヘヴンズ ストーリー」

2010年 / 35mm / 278分 / color/ 1:1.85/ DTS stereo

《キャスト》

サト：寉岡萌希／トモキ：長谷川朝晴／ミツオ：忍成修吾／カイジマ：村上淳／恭子：山崎ハコ／タエ：菜葉菜／カナ：江口のりこ／ハルキ：栗原堅一／直子：大島葉子／サトの父：吹越満／サトの母：片岡礼子／弁護士：嶋田久作／鈴木：菅田俊／シオヤ：光石研／黒田：津田寛治／チホ：根岸季衣／美奈：渡辺真起子／榊涼子：長澤奈央／幼いサト：本多叶奈／波田：佐藤浩市／サトの祖父ソウイチ：柄本明／人形使い：百鬼どんどろ、人形舞台 yumehina ／木村：外波山文明／喫茶店主：諏訪太朗／ナオミ：不二子／梨花：重廣礼香／優香：渡辺芭／幼いハルキ：栗原駿士／キー子：西浦未雪／サトの姉：小室悠花

鈴木卓爾／古舘寛治／杉山彦々／伊藤猛／翁華栄／結城貴史／川瀬陽太／中村ジョー／石川裕一／花咲レイ／加治木均／佐々木麻衣／佐藤幹雄／伊藤清美／川島秀隆／清水美那／小林沙世子／のぎすみこ／川添拓海／岡村英／内田愛／野村丈唯／朝日瑞希／鈴木康弘／鈴木孝正／齊藤絵里奈／田上絵梨／谷口恵理／小林洋一／田附未琉／小林奨／笹岡拓也／小林達也／吉野憲輝／舟久保依吹／北村亜希子／北村百花／北村想空／北村海歩／井上咲希／村山友唯夏

《スタッフ》

企画：浅野博貴

製作：小林洋一／吉村和文／林瑞峰／岡田博

プロデューサー：朝倉大介／坂口一直

ラインプロデューサー：坂本礼

脚本：佐藤有記

監督：瀬々敬久

撮影：鍋島淳裕、斉藤幸一／花村也寸志

音楽：安川午朗

照明：福田裕佐

録音：黄永昌、高田伸也

整音：鈴木昭彦

美術：野々垣聡、田中浩二／金林剛

編集：今井俊裕

本編集スタジオ：エアフレイム　田巻源太

メイク：島田万貴子

スタイリスト：奥瀬麻美／高木那美

アニメーション：壱岐紀仁

本書は二〇一六年六月二六日、福岡市で開かれた上映会・対談「『ヘヴンズ ストーリー』のその先へ」（福岡ユネスコ協会主催）をもとに一部補筆したものです。年代等は当時のままです。出版化をご承諾いただきました瀬々敬久さん、関一敏さんに厚く感謝申し上げます。

（一般財団法人 福岡ユネスコ協会）

【著者紹介】

瀬々敬久（ぜぜ・たかひさ）

一九六〇年大分県生まれ。映画監督、脚本家。
一九八九年に『課外授業　暴行』（ピンク大賞新人監督賞受賞）で商業映画監督デビュー。主な監督作品に『冷血の罠』（九八）『ドック・スター』（〇二）『MOON CHILD』（〇三）『刺青　堕ちた女郎蜘蛛』（〇七）『泪壺』（〇八）『ドキュメンタリー　頭脳警察』（〇九）『ヘヴンズ ストーリー』（一〇）『アントキノイノチ』（一一）『64―ロクヨン』（一六）『8年越しの花嫁 奇跡の実話』（一七）『友罪』（一八）『菊とギロチン』（一八）。

関一敏（せき・かずとし）

一九四九年神奈川県生まれ。九州大学名誉教授、NPO法人ウェルビーイング附属研究所主席研究員、福岡市史編集委員（民俗部会）。
主な著書・編著書：『聖母の出現―近代フォーク・カトリシズム考』（日本エディタースクール出版部）『新しい民俗学へ』（共著、せりか書房）『宗教人類学入門』（共著、弘文堂）『中山みき・その生涯と思想』（共著、明石書店）『呪術の人類学』（共著、人文書院）『岩波講座　宗教』（全一〇巻、岩波書店）

FUKUOKA *u* ブックレット⑮

平成の黙示録
「ヘヴンズ ストーリー」をよむ

二〇一八年七月三十日発行

著　者　瀬々敬久／関　一敏
発行者　小野静男
発行所　株式会社　弦書房
（〒810・0041）
福岡市中央区大名二－二－四三
ELK大名ビル三〇一
電　話　〇九二・七二六・九八八五
FAX　〇九二・七二六・九八八六

装丁・毛利一枝
印刷・製本　シナノ書籍印刷株式会社

ISBN 978-4-86329-175-1 C0074

「FUKUOKA *U* ブックレット」の発刊にあたって

「転換期」ということばが登場して、もうどれくらい経つでしょうか。しかし、「近代」は暮れなずみながら、なお影を長く伸ばし、来るべき新たな時代の姿は依然として定かではありません。

そんな時代に、ここ福岡の地から小冊子「FUKUOKA U ブックレット」を刊行します。

福岡は古くから「文化の十字路」でした。アジア大陸に最も近く、また環東シナ海の要石の位置にあって、さまざまな文化を受け入れる窓口として大きな役割を果たしてきました。近代になっても、アジアとの活発な交流は続き、日本の中で最もアジア的なにおいを宿した都市として知られています。今日ここでは、海陸の風を受けながら、学術や芸術に関わる多彩な活動が繰り広げられていますが、しかしメディアの一極集中のせいで、それは多くの人の耳や目に届いているとは言えません。

「FUKUOKA U ブックレット」は、ユネスコ憲章の「文化の広い普及と正義・自由・平和のための人類の教育とは、人間の尊厳に欠くことのできないものである」という理念に共鳴し、一九四八年以来、旺盛な活動を続けている福岡ユネスコ（Unesco）協会の講演会やシンポジウムを中心に、福岡におけるビビッドな文化活動の一端を紹介しようとするものです。

海（Umi）に開かれた地から発信されるこのシリーズが、普遍的（Universal）な文化の理解（Understanding）に役立つことを願ってやみません。

（二〇一二年七月）

◆弦書房の本

●FUKUOKA *u* ブックレット❷

東アジアとは何か

〈文明〉と〈文化〉から考える

小倉紀蔵　東アジアが平和であった時代とは？　東アジアは正常化している？　東アジアを極限まで抽象化し、〈文明〉と〈文化〉から日中韓それぞれの根底に流れる思想を探る〈アジア論の新しい試み〉。日中韓はあらたな関係を創造できるか。〈A5判・64頁〉650円

●FUKUOKA *u* ブックレット❸

考える人・鶴見俊輔

黒川創／加藤典洋「狂気を沈めたリベラル」鶴見俊輔の仕事を読み解く。いつだって鶴見俊輔はあたらしい。時代の転換点にいつも彼は呼び出されてきた。作家・黒川創と文芸評論家・加藤典洋が、戦後思想の巨人を縦横に語る。〈A5判・96頁〉【2刷】780円

●FUKUOKA *u* ブックレット❹

未来との連帯は可能である。しかし、どのような意味で？

大澤真幸　三・一一後の現代社会をどう生きるか、について、思想や哲学、歴史、文学、はたまたサブカルチャーなどさまざまなフィルタを用いて語る渾身のライブ。現代に生きるわれわれと過去、未来との「連帯」をスリリングに解き明かす。〈A5判・72頁〉700円

●FUKUOKA *u* ブックレット❺

映画、希望のイマージュ

香港とフランスの挑戦

野崎歓　映画は国家がかかえる問題、時代や社会を写し出す、としてその背景に迫りながら作品について語る。また近年復活を見せるフランス映画。そこに勃興するアジア映画との密接な連動を見出す。〈A5判・72頁〉700円

＊表示価格は税別

◆弦書房の本

いま〈アジア〉をどう語るか

有馬学／松本健一／中島岳志／劉傑／李成市
非在のアジア？　過去の歴史と現在の視点とのズレから、一種類の語り方では認識できない「アジア」という枠組みをめぐって、日中韓の研究者がそれぞれの「アジア」を表現する。〈四六判・204頁〉1900円

アジアの文化は越境する
映画・文学・美術

四方田犬彦［編著］「お化け」はアジア独自の財産？ヨーロッパの枠組みでは表現できない怪奇映画、現代文学、現代美術についてその独自性と類似性を語り合い、アジアは常に千のアジアとして多様な形態で存在することを示す。〈四六判・168頁〉1700円

山本作兵衛と日本の近代

有馬学／マイケル・ピアソン／福本寛／田中直樹／菊畑茂久馬　日本初のユネスコ「世界記憶遺産」に登録された《山本作兵衛コレクション》はなぜ評価されたのか、何が描かれているのか。あらためてその価値と魅力の原点に迫る。〈四六判・192頁〉1800円

日韓メモリー・ウォーズ
私たちは何を忘れてきたか

朴裕河（パク・ユハ）／上野千鶴子／金成玟／水野俊平
〈ずれ〉と〈ゆがみ〉の根源へ――日本と韓国の間に横たわる認知ギャップを探る。時代により揺れ動いてきた日韓関係を、文化、メディア、インターネットなどのキーワードで読み解く。〈四六判・160頁〉1700円

＊表示価格は税別